乡村生产生活热点解答 系列

土地流转与"三权分置"

你问我答

TUDI LIUZHUAN YU 『SANQUANFENZHI』
NIWEN WODA

黄 雷 编著

中国科学技术出版社

·北 京·

图书在版编目（CIP）数据

土地流转与"三权分置"你问我答/黄雷编著. —北京：
中国科学技术出版社，2018.4

ISBN 978-7-5046-7920-8

Ⅰ.①土… Ⅱ.①黄… Ⅲ.①农村—土地流转—中国—问题
解答 Ⅳ.① F321.1-44

中国版本图书馆 CIP 数据核字（2018）第 021917 号

策划编辑	张　金	
责任编辑	乌日娜	
装帧设计	中文天地	
责任校对	焦　宁	
责任印制	徐　飞	

出　　版	中国科学技术出版社	
发　　行	中国科学技术出版社发行部	
地　　址	北京市海淀区中关村南大街16号	
邮　　编	100081	
发行电话	010-62173865	
传　　真	010-62173081	
网　　址	http://www.cspbooks.com.cn	

开　　本	889mm×1194mm　1/32	
字　　数	97千字	
印　　张	4.125	
版　　次	2018年4月第1版	
印　　次	2018年4月第1次印刷	
印　　刷	北京长宁印刷有限公司	
书　　号	ISBN 978-7-5046-7920-8 / F·860	
定　　价	17.00元	

目录 | Contents

三、"三权分置"下的土地经营权抵押与融资　43

农地与农地产权制度改革回顾

Q1 什么是农地?

我国现行《中华人民共和国农村土地承包法》(以下简称《农村土地承包法》)第 2 条界定了农村土地的概念,是指农民集体所有和国家所有依法由农民集体使用的耕地、林地、草地,以及其他依法用于农业的土地。这一法定概念界定了耕地、林地、草地 3 类具体的农用地类型,同时"其他依法用于农业的土地"从用途上对农用地的解释做了限定性的"兜底"。该"兜底"规定也存在"模糊"的理解,"农业"是宽泛的概念,通常的理解上,但凡涉及"农"的要素,都可以称为"农业"。但是,从本法的功能性指向来看,强调"农业生产"的土地,才可称之为"农地"。因为,农村土地除了本身就具有的自然属性外,还具有很强的"农业"属性,这种"农业"属性主要依赖于地表的土壤而展开,而地下的矿藏不属于农业的范畴,比如在耕地、林地、草地之上进行农事活动时,其便是"用于农业"的土地,而在耕地、林地、草地之下进行采矿活动时,其就不属于"用于农业"的土地。所以,这里所说的农地是现行《农村土地承包法》上所称的但必须用于"农业生产"的土地,而并不包括农村建设用地和农村宅基地。

Q2 土地具有哪些性质与特征?

人类对于包括农地在内的土地认识分为 4 个方面:①土地是地球表面疏松的、有肥力的、可以生长植物的表层部分;②土地是不包括水面的纯陆地部分;③土地包括陆地和陆地水面;④土地是自然、文化、经济社会的综合体。从这些不同认识中可以印证土地具有自然属性和社会属性，前3个方面都是指向土地的自然属性，而第4方面中的"文化、经济"描述了土地的社会属性。

Q3 土地的自然属性体现在哪里？

土地客观表现出来的是自然属性。土地是自然界客观存在的物质，它可以被人们真实地感知到，土地是由其中的沙子、石头、泥、水、生物、矿产等单项自然资源组合而成的，从"地母"这一词语中体现了土地具有孕育万物能力的朴素观念。在基础食物链中，土地孕育植物，植物喂养了动物，即地表土壤的肥沃程度决定不同种类植物生长与否，也是陆地上动植物赖以生存的物质条件。

Q4 土地的社会属性体现在哪里？

土地被主观地赋予了社会属性。先民社会时期人类意识到土地能够"孕育万物"时，又出现了刀耕火种、驯养家畜等早期社会化活动，这被视为农牧文明的发端。马克思在论述劳动不是物质财富的唯一源泉时，引用了威廉·配第（Willian Petty）的名言"劳动是物质财富之父，土地是其之母。"从另一个角度看，威廉·配第的这句名言很好地描述了人类的劳动和自然的土地结合起来所产生的巨大财富，这是最原始的人力资本和物力资本结合创造财富的例证。劳动（人力资本）和土地（物力资本）的"结合"，也就是剩余价值的出现和分配，标志着人类朴素的私有观念形成的开始，也给土地赋予了社会属性。换而言之，就是说土地作为人类生存和发展的物质基础，随着人类社会的形成和发展，农地逐渐地被赋予了独特的"农业·生存·可持续"的社会属性。

"农地"作为土地的一种，是按照功能区分的称谓，体现的是具有"农耕""农村""农民"等性质的土地，其本质上仍然是土地，具有土地的自然属性，其与其他类型的土地相区别的要素之一就是具备了鲜明的社会属性。随着人类在土地上的活动，人们在土地上的持续投入也开始有了社会意识上的区分，形成了耕地、牧地、林地等不同功能的土地类型，而这些基本上都是集中在农村，因此在观念上形成了农村土地的主要类型，归根到底是用于"农业"。同样的，"城市"作为"农村"的对称，其土地主要用于建设居住、办公、休闲、交通、商用等，归根到底是用于"建设"。

土地一开始仅仅具有自然属性，而一旦被称为农村土地和城市土地、私有土地和公有土地、集体土地和国有土地等时，就被烙上了相应的社会属性。从自然属性方面来看，农地主要是指农村物理空间中的地表土壤层，并不包括地下的矿藏等，其主要是用来耕种之用；在社会属性方面，农地主要是指与农业、农民、农村等涉及"农耕"因素的土地，其主体主要是以农村户口作为身份限制。农地归根到底仍然是土地，不会因为称谓的变化而改变其自然属性；相反，称谓的变化可反映其社会属性，当我们使用"农地"一词时，已经不知不觉地承认了其社会属性。

Q5 新中国成立后农村土地产权制度经历了哪些阶段？

新中国成立以来，我国农村土地产权制度经历了土地改革时期的私有私用、合作化时期的私有共营、人民公社时期的公有公营和家庭承包责任制时期的公有私用，逐渐演变成现在的"三权分置"产权结构，即集体所有权、承包权、经营权"三权"相对分离分别设置。每一个时期的土地产权制度都代表当时农业的经营方式和生产方式，每一次的制度变迁背后都有其动因和制度走向。

Q6 新中国成立初期农村土地产权制度是怎样的？

新中国成立初期，为了实现农民拥有土地的千百年梦想，我国展开了大规模的土地改革运动。中央先后颁布了《关于划分农村阶级成分的决议》《城市郊区土地改革条例》等相关文件，尤其是《中华人民共和国土地改革法》颁布以后，新解放区展开了大规模的土地改革运动。到 1953 年末，我国基本实现了新解放区的土地改革，标志着封建地主土地所有制转变为农民土地所有制，实现了耕者有其田。

在这一时期农民拥有完整的土地产权，农民既是土地的所有者，又是土地的经营者，土地产权可以自由流动，允许买卖、出租、典当、赠与等交易行为，国家通过土地登记、发证、征收契税等对土地进行管理。虽然这一时期农业互助合作运动已经开始产生，土地产权在农民集体与农民个人之间也开始出现不同形式的产权组合，但是农户互助行为完全是自发的，并没有受到外界的影响，土地的农民所有、农民使用的特征十分突出。土地改革使封建剥削的土地制度转变为农民个体所有、自主经营的土地制度，在最大程度上提高了农民的生产积极性，并充分释放了农业生产力，使农业在较短的时间内迅速发展。

Q7 合作化时期农村土地产权制度是怎样的？

新中国成立初期的土地改革使千千万万的农民获得了土地，

但农民个体经济的分散性、落后性、脆弱性逐步显露出来。为克服小农经济自身的局限性，我国自 1953 年开始开展了大规模的农业合作化运动，从最初的初级社迅速发展为高级社，旨在慢慢实现农业的社会主义改造，使农业能够从落后的个体生产方式向先进的集体共同生产的方式转变。

初级社主要是农户以自然村为单位组成农业生产合作社，并以农民的土地、牲畜、农具等生产资料入股分红为条件加入农业生产合作社。从本质上看，初级社或村集体以农民土地入股的方式获得了统一经营权，而土地的所有权仍然在农民手上，这与现在的所有权归集体所有、承包经营权归农户所有正好相反。初级社的成立和发展，标志着农地产权制度从新中国成立初期的农民"私有私用"阶段向农民"私有共用"阶段转变，农地的收益权也从农民个人占有转为农民个人和集体共同占有。

高级社的土地产权结构在初级社的基础上又前进了一大步，这时农民土地实际上已经成为集体的了，土地经营权已经基本上转变成了集体统一经营、统一分配。我国高级农业合作化通过有计划的集体统一经营体制，在短时期内积累了大量资源，为国家工业化及整个经济建设奠定了基础，但由于高级农业生产合作社推进的速度过快过急、工作过粗、形式过于简单划一，对农民积极性和农业生产产生了严重的消极影响。

Q8 人民公社时期农村土地产权制度是怎样的？

1958 年，为扩大规模经营，中央实行"小社并大社"，进而又推行"政社合一"的人民公社制。到 1958 年年底，已在全国农村普遍建立起人民公社体制。人民公社的土地产权结构是集体所有、统一经营，农民完全丧失了对土地的占有、使用、收益、处分的权利。针对人民公社化初期"一大二公""一平二调"完全脱离农业生产的客观实际而造成的对农业生产力的极大破坏，在 20 世纪 60 年代初期进行了一些调整，确立了"三级所有，队为基础"的集体土地所有制，这种体制一直延续到 1978 年改革开放之前。

这一阶段土地产权的特点：土地的所有权和经营使用权是完全统一于人民公社的，并且土地上的任何权利不得转移、出租。人民公社体制的产权结构是模糊的，完全脱离实际，忽略了农民的生产积极性和个人利益，造成了农业长期停滞不前的后果。

Q9 家庭联产承包责任制后农村土地产权制度是怎样的？

从 1978 年安徽省凤阳县小岗村进行的土地包产到户揭开我国农村经济体制改革序幕开始，到 1984 年年底全国普遍实行了家庭联产承包责任制，标志着土地产权以集体所有、家庭承包经营模式的形成。家庭联产承包责任制的产生使农民与土地的关系发生转变：农民的收入与土地产出紧密相关，在最大程度上调动了农民的生产积极性，目的在于使农业快速发展。

进入 20 世纪 90 年代后，第一轮土地承包已经到期，为稳定土地承包关系，我国开展了第二轮以 30 年为期限的土地承包。这一时期农地产权的特点：统一经营与分散经营共存，两者相互补充，但是家庭联产承包责任制是农业生产的主要形式，并占据了主导地位，实现了农地所有权和使用权"两权分离"，农户拥有土地的使用权、收益权和一定程度上的处分权。农村集体和农户是这一阶段的产权主体，正好与合作化时期的农地所有权和使用权主体相反。这种土地制度采取统一经营与分散经营相结合的方式，充分调动了集体经济组织与个体经济的积极性，有利于农业的生产发展，并能促进土地、劳动力等生产要素的合理配置。尽管家庭经营在这一段时期内对我国农业发展的影响是积极促进的，但随着我国经济的发展，一家一户的分散经营不利于农业的现代化、规模化发展。

Q10 全面深化改革时期农村土地产权制度是怎样的？

随着农业日益融入国际竞争的环境中，一家一户的分散经营与大市场的矛盾日益突出，已经不再适合我国农业现代化的发展要求。同时，随着二三产业的发展，农民承包土地但不经营土地而出去务工的现象日益增多，也由此造成了土地的粗放经营甚至撂荒现象，为此，国家在土地制度方面做出了一定的调整，鼓励农民土地承包经营权以转包、出租、互换、转让或其他方式流转。为赋予承包户更多的土地财产权，十八届三中全会通过的《中共中央关于全面深化改革若干重大问题的决定》（以下简称《决定》）允许承包户进行土地承包经营权的抵押和担保，但是，承包权和经营权合在一起混淆了两者的区别，产生了不少矛盾，制约了土地的流转。针对这种情况，2014年中央一号文件提出"坚持农村土地集体所有权，稳定农户承包权，放活经营权"，把经营权从承包经营权中分离出来，进一步对承包户的产权进行细化。2014年11月颁发的《关于引导农村土地经营权有序流转发展农业适度规模经营的意见》（以下简称《意见》）明确规定：实现所有权、承包权、经营权"三权分置"，引导土地经营权有序流转。从此，我国农地制度由"两权分离"演变为"三权分置"，集体拥有土地的所有权，农民拥有土地的承包权，允许经营权自由流动。

随后，2015 年中央一号文件对农地承包权的实现形式——确权确地和确权不确地做出了政策规定。2016 年中共中央、国务院出台的《关于完善农村土地所有权承包权经营权分置办法的意见》从顶层设计层面确认了农地承包权制度在农村基本经营制度中的基础地位，对承包权的内涵、权利边界做出了详细规定，指出农地承包权无论如何都是归属于农民家庭的，更加完善了我国农地承包权制度。

Q11 为什么说农地产权制度缺陷是造成农地流转障碍的首要因素？

在进行"三权分置"之前，我国农地制度虽然进行了几次较大改革，但是依然存在缺陷，农地各项权利界定不清，主体不明，产生权力寻租的空间，无法使社会资源达到最优配置的状态，从而阻碍了农地流转的顺利进行。

①农地各项权利在法律法规中约定模糊，条款之间甚至存在矛盾与冲突。如所有权与使用权的界定，《中华人民共和国民法通则》（以下简称《民法通则》）规定，财产所有权包括占有、使用、收益和处分权能，使用权只是隶属于所有权的一项权能。但《中华人民共和国宪法》（以下简称《宪法》）和《城镇国有土地使用权出让和转让暂行条例》中规定，土地使用权是一项独立的经济权利，土地使用者在获得土地使用权的同时还获得了一定的占有权、处分权及收益权。依此逻辑，土地使用权即土地所有权，但又与《民法通则》中二者的关系相冲。土地所有权和使用权在法律上界定不清，无法给农地流转提供最基本的法律保障。

②家庭承包户与集体所有者之间的权责矛盾。我国农村土地

的所有权是归属集体，即集体占有农村土地，在家庭联产承包责任制下，农户通过家庭承包农村土地获取土地的承包经营权，自此农民家庭获得该块农地一定的占有权、使用权、处分权、收益权，集体的占有权被弱化。一方面，由于农地是以低价或者无偿形式承包给农户家庭，集体无土地收益权；另一方面，集体在农户家庭承包期限内不能干涉或收回承包地，集体未能行使完全的处分权。试行集体农地家庭联产承包责任制最大的目的就是要使集体和家庭农户作为土地的所有者各享其权，调动劳作者的生产积极性，提高农业生产效率。但实际上农户家庭和集体又不能完全独立开来，有了各个农户家庭才有了集体，二者之间其实还存在一种上下级的关系，而这样的交织权利主体不利于产权的分离和界定，农地产权的交易费用也会因此大大提高。

农地产权制度缺陷使国家、集体、农民三者为各自的利益相互博弈，而农民通常作为决策链的最底端而成为国家利益和集体利益的牺牲者，诸如，在承包土地流转为非农地后，农民的承包经营权利被剥夺，且受损的利益未得到合理补偿；村级集体组织随意调整承包地，将其规划为机动用地，无故侵占农户土地权利；村级集体组织随意改变承包期限和承包费用，迫使农民放弃承包经营权；未经农户同意就擅自替农户行使集体表决权，不尊重农民的自主经营权。由于农村集体土地问题的复杂性，政府代理人在农地市场拥有绝对话语权，土地集体所有权沦为少部分农村基层干部手里的权利，集体和农户之间因为农地流转产生的矛盾与纠纷时常发生，更有甚者还升级成暴力事件。在法律上没有赋予农民独立的、明晰的农地产权，极大地打击了农民参与农地流转的积极性。

"三权分置"下的土地产权制度概述

二

Q1 土地所有权包含哪些内容?

个人所有权的 4 项基本权能分别是占有权、使用权、收益权、处分权。其中,占有权保障权利人能够对财产进行控制和管领,使用权保障权利人能够对物进行利用而实现权利人利益的功能,收益权保障权利人能够通过合法途径基于财产获取产生的利益,处分权保障权利人能够依法处置财产。一项完整的所有权如果要发挥财产的完整功能,则需要具备上述 4 项基本权能。

当土地权属还是完整的、单一的土地集体所有权时,其具备对土地占有、使用、处分、收益的权利;当土地所有权和土地承包经营权发生分离时,土地所有权实际上开始逐渐被弱化;当土地所有权、承包权、经营权发生分置时,土地所有权已经开始变得不完整。如前文所述,土地产权作为一种非自然权利,其权利配置是根据实际要解决的问题而设计的。毕竟,土地作为重要的社会资源,除了财产性以外,还具有社会性,因而在配置集体所有权时,应该尊重土地的社会属性及其应当发挥的社会功能。在土地"三权分置"的权利体系中,所有权实际上是"残缺"的。那么,不完整的所有权结构是否会摧毁公有制呢? 答案是否定的。恰恰相反,其从另一个角度加强了土地公有制的属性,因为在传统的财产权理论中,所有权本身就具有很强的"私有"属性,它强调的是私人对其财产的绝对支配,亦即其权能越完整则控制力越强,因而在公有制的前提下,应对其加以改造,使其处于"残缺"或"虚位"的状态,削弱其绝对支配力,这也是在一定程度上防止农村集体将土地"私有化"。就当前的实际需要而言,土地所有权仅需要配置两项基本权能，即土地终端占有权能和土地发包处分权能。

（1）**土地终端占有权能**　是指土地所有权人对于土地的实际控制和管领能力。目前，农民的土地承包权是有期限规定的，并未实现"永佃化"。我国现行的《农村土地承包法》规定：耕地的承包期为 30 年，草地的承包期为 30～50 年，林地的承包期为 30～70 年；特殊林木的林地承包期，经国务院林业行政主管部门批准可以延长。保留农村集体的土地终端占有权，一方面是在承包期限届满之后，农村集体可以重新收回土地，调整后重新发包；另一方面是在承包期内，如承包方举家迁入了城市，转为了非农村户口，应当将承包的耕地和草地交回发包方，若承包方不交回的，发包方可以收回承包的耕地和草地。因此，法治维度之下，此两种情况，都需要土地的绝对占有权来发挥作用。同时，也能够为以后解决新的"三农"问题预留弹性空间。与土地所有权的土地终端占有权能不同，土地承包权配置的是土地虚位占有权，土地经营权配置的是土地相对性占有权。

（2）**土地发包处分权能**　是指土地所有权人对土地发包的处分权。其是对所有权的完整处分权的限缩，"依法处置财产"的方法可以多种多样，其在土地财产上表现为仅仅保留其发包的处分方式即可实现土地所有权的处分权，而不包括土地的流转、出租、抵押、继承等处分行为。农村集体作为土地的所有权人，实际上并不是以土地为对象的农业活动的主要实际参加者，处分权利的过多配置实际上是不宜的，其目的在于防止侵损土地经营权人的土地生产性使用权和土地自主经营权。

应该在土地经营权中配置土地生产性使用权和土地增量财产收益权，在土地承包权中配置土地财产收益权，而不需要把所有权的使用和收益权能配置给农村集体。从制度效能考虑，这是将所有权进一步削弱的设计，因为配置土地所有权的土地终端占有权能和土地发包处分权能足以维护公有制基础。此外，这样配置土地所有权的权能其目的在于进一步减少所有权人对于承包人的"挤压"，同时减少其对经营权人的"干预"，需要正视"集体所有同样有一个充满弹性的制度空间，农村土地集体所有不意味着所有权在任何情况下和在任何区域的重要性都可等量齐观"。在一个弹性空间中并不需要一个刚性的权利，不完整的土地所有权既可以回应农村集体经济薄弱地区的集体所有权虚置的现实，又能够从根本上缓解农村集体经济发达地区所存在的集体所有权控制土地承包权和经营权而产生的矛盾。

Q2 土地承包权包含哪些内容？

作为一种新的权利形态，如果以"土地承包经营权"来对待土地承包权是欠妥的。无论如何，土地经营权的内容必须与土地承包权区别开来。从未来的趋势看，土地承包权有明显的成员资格权特征，其内容还有待于进一步探讨才能完善。就当下的情况来说，土地承包权之下有 3 项基本权能，即土地虚位占有权能、土地流转处分权能、土地财产收益权能。

（1）**土地虚位占有权能** 指土地承包权人在承包土地后，对本身所承包的土地非实际占有的权利。占有可以有多种形式，为何一定要称之为"虚位"，而不是"代位"呢？"代位"是强调其本身具有，因客观不能而依靠其他主体代其行使；而"虚位"虽也强调其本身就具有，但并不是因为客观不能，而是为了削弱其控制力而做"虚位"处理。实际上，要使土地经营活动能够进行下去，必须将土地置于经营权人的实际控制之下，从签订土地流转合同以后，土地已经脱离了承包权人的实际控制。在流转合同期间内，土地承包权人实际上已经没有占有其所承包的土地，但是其又并不是永久地失去了（并非完全、彻底转移或移交）该土地的占有权，从法律效力而言，土地流转合同期满后，承包权人有收回该土地的权利。土地承包权人对于土地的占有期间仅存在于承包之后、流转之前，在此期间配置占有权能又是必需的，防止出现土地"无主"，考虑到土地承包权人的最终目的是获得财产性收益，而不是这种"占有"，故称其为"虚位"。土地虚位占有权能可以保障农民作为农村集体成员的资格权实现。

（2）**土地流转处分权能**　指土地承包权人在承包土地之后，对其所承包的土地进行流转的处分权利。也就是说，这种处分权本质上是对"权利"的处分，而不是对"实体"的处分。对"权利"的处分，是指权利人对于其可让渡性权利本身的处理，决定是否保留或放弃某项权利；对于"实体"的处分，是指权利人对于其权利的具体对象做如何处理。土地虚位占有权能保障土地承包人承包土地成为可能，在承包之后、流转之前，土地承包权人对于土地的处分主要体现在"流转"上，而不是体现在"经营"上，具体表现在：一是流转与否，如若不流转，其本身则同时成为土地经营权人；二是以何种形式流转，比如土地的使用范围、流转的期限约定等；三是流转对价的多寡等。

（3）**土地财产收益权能**　指承包权人基于其承包的土地享有收益的权利。如果说以前的农业税可以被视为是土地所有权人（广义上的国家）基于所有权的收益权能，从土地承包经营权人获得财产性收入，那么从取消农业税之后的实践来看，土地承包权人从土地所有权人处承包土地是一种无须支付对价的行为。保证农民的基本生活所需，是配置该项权利的初衷所在。该权能是土地承包权的内核所在，而配置土地虚位占有权和土地流转处分权的目的均是为了实现该项权能。土地虚位占有权能对保障土地承包人承包土地具有重要作用，而土地流转处分权能赋予了土地承包人获得财产性收益的议价筹码。同时，土地财产收益权能，还能约束土地所有权人侵蚀本应属于土地承包人的财产性收益。在土地财产收益权能约束之下，土地经营权人负有向土地承包人支付土地流转对价的义务。值得注意的是，土地所有权并不需要相应的补偿，因为配置土地所有权的初衷是防止土地私有化，维护土地公有制基础，继而保障广大农民的利益，即便是补偿给农村集体，最终应该是落实到农户身上，为了防止双重补偿的风险和再次分配的不公平，最佳选择是直接对土地承包权人进行补偿。

通过配置土地承包权以上的 3 项权能，能够创新土地承包权实现的新方式，即在未来可以施行"确人确利不确地"的另一种制度创新。也就是说，只要享有土地承包权，便可确定其作为农村集体成员的资格，取得资格的人就享有承包农村集体土地的权利，享有基于承包土地的应然权利而获得财产性收益，而不再需要将农村集体土地像当前一样具体分配到每户每人，这样"集中处理"的制度创新可以大幅度地节省制度运行成本。

Q3 土地经营权包含哪些内容？

经营权是指人们运用劳动对相对占有的生产性财产自主地进行经营活动，并对创造或实现的增量财产享有收益和处分的权利。它由相对性占有权、生产性使用权、经营活动自主权、增量财产收益权、增量财产处分权集合而成。那么，土地经营权也具有上述的权能内容，土地经营权的全部内容主要是保护经营者的权益，对抗土地所有权人和承包权人基于其各自权利的干预。

（1）**土地相对性占有权能**　指土地经营权属于土地经营权人期间，该权利项下的土地由其直接占有，以此来保证经营对象的具体化。这一点非常重要，因为该类经营活动是以土地为基础的。对抗土地所有权人（集体）基于其所有权在经营期间将土地"收回"是配置该项权能的主要目的，以此防止土地经营权人的经营活动处于不确定风险之中，而是使其处于稳定中。

（2）**土地生产性使用权能**　指土地经营权属于土地经营权人期间，土地只可以用在农业生产性方面，而用在商业性方面如建设房屋等则是不被允许的。具有一定的义务性是该项权利的特点，其对经营权人在使用土地时的范围进行了约束，这样土地生产功能的稳定性就有了保障，即不能改变土地用于"农业生产活动"的功能。

（3）**土地经营活动自主权能**　指在经营活动期间，经营权人在不改变土地用途的前提下，在土地承租合同约定的范围内，自主决定农业活动的经营性事项，土地所有权人、承包权人不能干预。经营权人的经营活动风险和收益均由经营权人承担，其与承包人之间存在的是合同关系，承包人所取得的收益与经营活动好坏没有关系。此外，当承包人以土地流转资金作价入股到农业经营公司时，其是以股东的身份出现的，而并不是以承包权人的身份出现，此时要在法律关系上对不同的身份加以严格区分。

（4）**土地增量财产收益权**　指土地经营权人对基于土地经营所获得的增量财产享有绝对的收益权利。土地所有权人不能从土地经营权人处获得任何收益，因为土地经营权人并不直接与土地所有权人发生任何契约关系。土地经营权人与土地承包权人虽然直接通过契约关系流转了土地，但土地承包权人从土地经营权人处获得的财产性收益也是依据契约约定的债权债务关系，也不能直接参与经营权人的土地经营收入分配。

（5）土地增量财产处分权能　指对基于土地经营所获得的增量财产的使用、分配等处分形式，土地经营权人享有自主决定的权利。无论是使用性的财产分配，还是投入在农业经营活动再生产的生产性财产，都由经营权人自主决定。这种权能主要是存在于经营权人是公司法人的情形，法人虽然能够成为法律的经营权人，但实际上并不存在经营的能动性，其需要依靠聘请职工来实现其生产经营活动，法人要投入生产性活动所需的物力资本（资金、物资等），员工要投入生产性活动所需的人力资本（劳动），所以其新创的财富（增量财产）面临着分配的问题；如果经营权人是个体自然人则并不存在这种问题，因为个体自然人自己的投入和产出都是属于自己的。未来的农业经营活动将由"规模经营"取代"个体农耕"，公司企业将是规模经营的主要形式，因此有必要配置土地经营权的增量财产处分权能。

Q4 如何实现土地所有权？

土地所有权包括了土地终端占有权和土地发包处分权。尽管农户基于土地承包权可以取得农村集体的土地，但农村集体土地的最终控制权却保留在村民小组、村集体、乡镇集体等形式的农村集体。这样，既可以提高农户从事农业经营的积极性，也可以使农户更加维护当前的土地制度，又不至于造成农村土地财产的两极分化。土地所有权的实现，就是让农村集体能够实现其对土地的绝对占有权和发包处分权，需要从以下几个方面着手。

（1）**解决农村集体明晰化问题**　从《中华人民共和国土地管理法》（以下简称《土地管理法》）第 10 条来看，农村集体有村民小组、村集体（村集体经济组织或村民委员会）、乡（镇）农村集体 3 种形式。在土地"三权分置"结构中应该进一步明确所有权人具体身份，那么到底确定为哪一种形式呢？通常而言"农民集体"或"农村集体"可以被划分为村民小组、村、乡（镇）三级，这三级主体都可以称为"集体"，也就是说土地所有权主体到底应确定为村民小组，还是村，抑或是乡（镇），这个问题实质上关系"农民个体对土地的控制力强弱程度"。从村民小组逐步上升到村、乡（镇），所覆盖的农村人口就越多，抽象性就越强，个人的作用就越小。可以假设一个模型展开讨论：村民小组有 100 人，村集体有 2 000 人，乡（镇）有 50 000 人，按照少数服从多数的方式来决策，村民小组、村、乡（镇）中个人的控制力在权重上的体现分别为 0.01、0.0005、0.00002，这就意味着集体规模越小，集体成员的个人民主决策力就越高。从上述假设来看，村民小组的规模太小，村民的个性就越能得到体现，但有可能经常导致集体决策的无效率化；乡（镇）规模太大，往往又会进行二次"集体化"，即选举村代表来行使乡（镇）集体的权限，如此无法有效保障公平正义；而村能够较好地平衡集体决策与个人作用之间的关系，村委会由农民代表组成，从切身利益的关切程度考虑，村集体所有权更加能够发挥和维持集体所有权的功能。

（2）**解决所有权地位平等问题**　除了农村集体土地所有权，还存在国有土地使用权。在大多数情况下，这两种类型的所有权是互不干涉的，但是一旦涉及土地征用时，政府作为国有土地所有权人的代表，往往具有政治地位上的优势，村集体作为集体土地所有权人不仅无法拒绝，而且必须积极配合征用工作的开展。集体土地所有权和国家土地所有权的各自权能内容都不同于个人所有权的权能内容，但是在权利上是平等的。在将来的政府征用农村集体土地的程序上应该逐步优化相关程序和权利配置，农村集体所有权人应当有权拒绝集体土地的征用。比如在优化程序上应体现以下思想：赋予被征土地所有权人拒绝被征收的权利，该权利赋予了被征地集体与政府谈判的筹码，注意并不是将该项权利赋予被征地农民，而是通过村集体召开全体村民大会的形式决定是否同意被征收。这样不仅防范了个别农民无理拒绝土地被征收，而且将农村集体土地所有权人和国有土地所有权人置于平等的法律地位。那么，其后续的征地补偿标准、征地用途都可以按照市场来高效处理，真正实现市场在资源配置中的决定性作用。

（3）**畅通土地管理与监督渠道** 在保障土地承包者、经营者对农村集体土地充分利用的前提下，要警惕权利主体的权利滥用。比如，农村土地集体所有权人整体上依然由个体村民直接组成，要防范土地承包权人侵蚀土地所有权；土地经营权人是非农身份将成为趋势，多元化的经营主体中将以工商资本者为主，在资本逐利性的影响下，很容易出现侵损土地的情况，要监督土地经营权人不能随意撂荒土地，也不能改变土地用途和功能。因而，有必要畅通土地的实际管理和实施监督渠道。一方面，发挥农村集体在土地管理和监督上的主导地位，比如成立农村土地经营监督小组，从每个村民小组中选拔一位监督员，负责对本村集体成员流转出去的土地进行月度巡视，对于撂荒或意图撂荒的土地经营者发出通告。此外，根据《土地管理法》第37条的规定："禁止任何单位和个人闲置、荒芜耕地。已经办理审批手续的非农业建设占用耕地，1年内不用而又可以耕种并收获的，应当由原耕种该幅耕地的集体或者个人恢复耕种，也可以由用地单位组织耕种；1 年以上未动工建设的，应当按照省、自治区、直辖市的规定缴纳闲置费；连续 2 年未使用的，经原批准机关批准，由县级以上人民政府无偿收回用地单位的土地使用权；该幅土地原为农民集体所有的，应当交由原农村集体经济组织恢复耕种。"另一方面，发挥农民个体在土地管理和监督上的能动性，在《中华人民共和国农村土地承包经营法》（以下简称《农村土地承包经营法》）的修改中增加了土地承包权人有监督其流转土地的义务，对于经营权者流转其土地而不展开经营活动，或明显是为了囤地而流转其土地的行为应及时向村集体或土地经营监督小组报告。

Q5 如何实现土地承包权？

土地承包权作为一项"资格权"，具有很强的"身份性"，它要求其权利主体必须要具备农村户籍。从土地承包权自身而言，权利要得到实现，必须要存在符合条件的资格主体。随着城镇化的不断推进，农村人口不断减少，土地承包权存在被空置的风险，假设农村人口全部城镇化（实际上只要小到一定规模），土地承包权存在的意义就不大了，这种"资格权"的使命就完成了。反过来说，当前土地承包权需要得以实现，就必须有适量的农民主体存在。然而，土地承包权无法通过继承的方式取得（目前，无论是农村户口还是非农户口，都不能继承农村户口的土地承包权），也不能够终身享有（一旦农转非之后，便失去了土地承包权），也不会永久消逝（非转农之后，又可取得土地承包权）。这就要求同时进行相适应的户籍制度改革，畅通非农村户口和农村户口自由流动的渠道，在大力推进人口城镇化的同时，要大力推动人口农村化。然而，

2013 年"新型户籍制度改革"确立目标，其实际上的重点是放开从村人口到城镇、城市落户的限制。这种户籍制度改革依然是"单向性"改革（即农村人口流向城市），这样的户籍改革并不利于土地承包权的实现，最佳的户籍制度改革应该是"双向性"的，既引导农村人口流向城市，也鼓励城市人口回归农村。

从实践情况看，只有具备农村户口，才能享有承包土地的资格，任何主体都无法剥夺。土地承包权人可以自己经营所承包的土地，作为土地经营权人直接实现土地承包权和土地经营权；还可以通过土地流转的方式，将所承包的土地租赁给经营者，通过收取"租金"获得一定的财产性收益。总而言之，土地承包权的实现不仅要从土地所有权人处取得土地，而且还需要从土地经营权人处获得"租金"（当土地承包权人和土地经营权人是同一个体，土地经营权和土地承包权在农民身上发生了"耦合"，支付和收取"租金"并不那么明显，但权利"耦合"并不妨碍两种权利的独立存在）才能够实现，缺一不可。不过，土地承包权作为土地制度设计的产物，相对容易实现。

Q6 如何实现土地经营权？

尽管土地经营权可以通过抵押、入股、信托等形式实现，但其不可能处于被流转的无限循环中，其最终依然是通过在土地上投入劳动（人力资本）和资料（物力资本）来创造新财富而将其实现。该项权利的实现应当限于"农业生产"领域，而不能扩展到农业生产领域以外。经营权的实现可分为以农民为代表的"个体农耕"和以公司为代表的"规模经营"两种类型，在相当长时期内，两种类型会并存发展。当前，在"三权分置"制度构建、权利配置的初期,仍然以"个体农耕"的方式为主,随着土地经营权的流转,"规模经营"将逐渐成为主导模式。

在"个体农耕"模式中,农民同时兼具土地承包权人和土地经营权人的身份,这种情况与以前的"土地承包经营权"没有本质上的区别。农民在其承包的土地上什么时候耕种、耕种什么、如何耕种以及运用何种农业技术,都由农民自己决定。直到目前,在农业文明的发展和变迁中,我国农业生产从未改变"个体农耕"的形式,随着土地"三权分置"制度的完善和运行,"个体农耕"在未来可能将会被边缘化。在"规模经营"模式中,公司法人成为土地经营权人,公司雇佣农民进行农业生产活动,公司与农民之间存在的是契约关系,此时农民不以承包权人(即使事实上农民将其土地流转给了其所在的公司)的身份出现,但这并不意味着农民的土地承包权"消失"了,而是其同时具备"土地承包权人"和"公司员工"两种身份,只不过在不同的契约法律关系中以不同的身份出现。

其一,当农民以土地承包权人身份出现时,其依据的是"土地流转"契约法律关系,土地承包者可以向土地经营者(公司)索取土地流转的"对价",并监督土地经营者必须在流转合同的约定范围内行使其经营权。

其二,当农民以公司员工身份出现时,其根据的是"劳动"契约法律关系,劳动者享有法律规定的权利、承担法律规定的义务以外,不得以土地承包权人的身份干预土地经营者土地经营活动的任何决策,而是应当按照公司员工岗位职责开展其工作,并接受公司对于员工的监督。

总而言之,法人和农民作为两种不同法律关系的主体,其在不同的法律关系中应享有不同的权利、承担不同的义务。

Q7 如何理解"三权分置"的内容与特征？

农村土地制度由"两权分离"变为"三权分置"后，土地集体所有制的性质不变，农民与土地的承包关系不变，农民的土地财产权变得更加完整和清晰、经营权流转变得更为通畅。

（1）土地集体所有制的性质不变　农村集体土地所有权是"三权分置"的基础。我国《宪法》《农村土地承包法》《中华人民共和国物权法》（以下简称《物权法》）等法律均十分明确地确立了农村集体土地所有权，这是我国农村土地制度改革的基石。"三权分置"制度只是把经营权从承包经营权中分离出来，并没有改变集体所有制的性质。中央历年发布的关于农业制度方面的文件和政策强调的第一要义是坚持农村土地集体所有权，如：党的十八届三中全会通过的《决定》和2014年通过的《意见》均明确强调了此要义。"三权分置"通过放活经营权实现土地有序流转和规模经营，不会改变土地的集体所有性质。

（2）农民与土地的承包关系不变　在"三权分置"的产权结构体系下，承包户让渡出去的只是土地的一定期限内的直接占有、使用权（经营权），以此获取土地租金的收益，土地的经营主体也因此变成了承租户，在土地流转的整个期间都没有涉及承包关系，因此，农民与土地的承包关系不变。在后续的新型农业经营主体用土地进行抵押融资时，也同样没有涉及承包权，用作抵押、担保的一直都是经营权，农户与土地的承包关系同样不会被改变或者受影响。从本质上看，土地承包权和经营权分离，是在原承包关系不变的基础上，对承包经营权进行"还权赋能"后再把经营权剥离出来，使经营权成为独立的权利类型，经营权与承包权分别为新的经营者和原承包人所有，分离后承包权性质不变仍然为用益物权，而任何有意愿和能力从事农业经营生产的人都可获得经营权。

（3）农民的土地产权更加完整和清晰　农民的土地产权因为"三权分置"变得更加完整，这有利于土地的有效配置。"三权分置"与"两权分离"的土地制度的最大区别是，农民的土地财产权能变得更加丰富，土地因为经营权的诞生变得更加灵活、流动性更强，实现了承包权与经营权的相对独立。在坚持农村集体所有制的前提下，承包权人对土地享有占有、使用、收益、流转、继承等权利，经营权人则享有土地的经营、使用、抵押、担保等权利。完整的土地产权不但能增加农户的收入，而且有利于实现土地的规模化经营、促进农业的产业结构升级。

Q8 土地"三权分置"的原因包括哪些？

（1）农村劳动力不断流失　国家统计局发布的相关数据显示，在对新型城镇化的稳步推进方面：2011 年末，农村人口首次低于城镇人口，城镇化率达 50% 以上，2012 年小幅度增加到 52.57%，2013 年增加到 53.73%，2014 年增加到 54.77%，2011—2014 年 4年间城镇人口增加近 8 000 万人，每年增加近 2 000 万人。城镇人口增加并不是因为出生率高于死亡率，农村人口减少也不是因为死亡率高于出生率，而是农村人口"化"为城镇人口，而且这其中还不包括农村青壮劳动力外出务工的人口数据统计。不需要深入到农村实地考察，只要到农村就可以明显感觉到遗留在农村的几乎都是老人。在农村劳动力不断输出的过程中，越来越多的务工农民适应了城市生活，便不再长居在农村，土地与农民分离的现象越来越普遍，农村的人口结构也发生了变化。

　　种地的经济效益较低，收成好的年份1亩（1亩≈667平方米）地能收获500千克小麦，以每千克2.2元计算，可以收入1 100元，然而除去化肥、人力、种子、机械等前期投入费用，基本上刚好收支平衡，有的时候还要倒赔。目前，农村的传统农耕毛收入过低，与外出务工的收入反差过大。据了解现在的农村劳动力主要是流入了城市建设中低端劳动力市场，当前的泥瓦匠中的大工（大师傅）每天工资高达300元，而小工（帮工）每天工资也达到了200元。这些低端劳动力市场的门槛极低，因而农村的少部分50后、大量60后和70后都离开农村来到城市务工，而在农村生活长大的80后、90后几乎很少有人愿意再回到农村进行农业生产和生活。这就导致农村人口，尤其是农村劳动力越来越少，撂荒的土地越来越多。

　　笔者对湖南省衡阳地区的部分乡村进行走访调研，以湖南省衡阳县井头镇遵云村为例，在该村总人口上，户口在该村的人口共有2 000人左右，而实际留村的总人口不到600人。在留村的人口结构上，年龄50岁以下的长期留村的仅有不到50人，只占到该村总人口的2.5%左右，其余基本上为50岁以上的老龄人和留守儿童。该村可耕种农田（水田，该地区种植结构以水稻为主）目前约700亩左右，地形地貌为丘陵，荒废和基础设施建设用地占150亩左右，实际耕种面积约550亩。种植规模上，种植100亩以上的1户，种植50亩以上的3户，15～50亩种植规模的种植面积约200亩，其余100亩为15亩以下的散户种植。同时，笔者还对湖南省衡阳县渣江镇锁潭村、西渡镇涵水村、井头镇太平村等地区进行了走访调研，其人口结构、种植规模与前述井头镇遵云村基本一致。由上述材料可以发现，这些村庄人口大量转移，土地日益集中的现象确实与全国其他农村现状基本一致。

在农村调研中笔者还了解到,以前农村的外出务工农户将自己承包的土地给邻里乡亲耕种,每年可从耕种者处收取几百千克谷子作为对价;而后来是每年不用耕种者给付粮食作为对价,"倒贴钱"都没有人再愿意耕种土地。这不是因为现在的农民变懒了,而是确实没有劳动力能够耕种这么多的田地。原来农村的所谓"种粮大户"毕竟是少数,而且那个年代的"种粮大户"已经年迈了,"种粮大户"自家的青壮劳动力也流向城镇,新的"种粮大户"已不复出现。

不可否认,农村人口减少了,农村劳动力更加少了。由于农村劳动力的大幅度减少,原有的农户各家承包的土地逐渐撂荒。因此,破解农村陷入的困境的关键在于提高农业收益,这样才有可能吸引劳动力回归农村。但是,仅仅依靠政策性补贴或者政府的直接干预来提高"农业收入"是行不通的,只有依靠市场的力量才能从根本上起到作用,因为整个市场经济就像是一个巨大的交换场所。要在农村土地资源上实现市场经济,必须建立与市场经济相适应的土地产权制度。

(2)土地产权权属不清晰   虽然市场是交换场所,但是制度使市场成为可能,制度影响了市场的效率和市场上交易的价值,还决定了市场对社会的意义。市场对农村社会的意义主要体现在可以增加农民的财产性收益,不过需要制度才能够使土地市场真正得以形成,产权制度设计便是其中一种主要的因素。土地产权清晰与否决定了土地市场效率的高低。

土地所有权主体,即为农村集体,但对农村集体规定的不一致性,导致了土地所有权主体不清晰。在我国《民法通则》第74条第2款中,将农村集体划分为村、乡(镇)两级,而《土地管理法》第10条则将"农民集体"划分为村民小组、村、乡(镇)

三级，而且在同一条中还出现了"农村集体"。这就出现了"不同法律规定不一，同一法律名词混用"的现象，导致了土地产权主体上的不确定性。同时农村治理模式混乱和农民权利意识淡薄等因素，导致农村干部实际上以代表农民集体的身份行使土地所有权的现象出现。

在理论上，完整的所有权包含占有、使用、处分、收益4项基本权能。在原来的"两权分离"框架中，农村集体作为土地的所有权人，但事实上并未在农业经营活动中具体实现其所有权，而是以土地承包经营权的形式赋予了农民对土地占有、使用、处分和收益的权利。而当前的立法规定和研究成果，并未深入探讨这4项权能在不同权利形态之下的具体含义，应当将其内容以具体化方式加以限定，比如占有权能在土地"三权分置"之下的土地所有权、土地承包权、土地经营权中分别指土地终端占有权、土地虚位占有权、土地相对性占有权，而不是笼统地称为"占有"。因为占有权能是通过占有行为加以实现，但是不同权利项下通过占有实现对某物的控制期限、控制方式、控制程度并不要求一致。

土地承包经营权作为单项权利，与土地承包权、土地经营权各自作为单项权利，其内容是不一样的，但由于缺乏对土地承包经营权内容的明确界定，人们形成了"土地承包经营权＝土地承包权＋土地经营权"的误区。在土地承包人和土地经营者为同一主体时，并不影响其权利的实现，但是当这二者不为同一主体时，其权利内容的模糊性，就会影响各主体权利的实现。在允许土地流转之后，将土地承包经营权进行分解的现实需求越来越大。土地承包经营权一度被认为是"准所有权"，具有所有权的占有、使用、处分、收益的权能内容，可能由于土地承包经营权内容上的不明确，在土地向非农村集体成员转让的实践中，出现了非农主体对于土地租赁的需求，在研究中也出现了"成员权性质的土地承包经营权和非成员权性质的土地承包经营权"的建议。土地"两权分离"的困境在于无法解决"土地承包经营权"之下，农业人口和非农业人口对土地的需求。在土地"两权分离"的框架下，土地产权结构由土地所有权和土地经营承包权构成，土地产权内容不清晰，集中表现在：土地所有权主体不明确，土地所有权和土地承包经营权内容区分不明显。农民虽然依法享有土地承包经营权，但是他们的权利和义务并不清晰。

Q9 "三权分置"的创新意义体现在哪里？

农村土地的"三权分置"是我国农村土地制度的重大创新，具有极其重大的创新意义。

（1）"三权分置"拓展了农村土地集体所有制的有效实现形式
农村土地集体所有制是适应我国农村发展要求、具有中国特色的基本经济制度，如何探索集体所有权的有效实现形式，关系到集体经济发展的方向和活力。在改革开放前，我国对农村土地采取"集体所有、集体统一经营"，即所有权和经营权合一的实现形式，实践证明是不成功的。从 20 世纪 80 年代开始，我国从当时农业生产力发展水平和调动农民积极性、解决温饱问题的需要出发，通过实行家庭联产承包责任制，找到了集体土地所有权、家庭承包经营权"两权分离"的集体土地所有权实现形式，极大地调动了广大农民的生产积极性。但是，随着工业化、城镇化的深入推进和农村劳动力的大量转移，相当多的家庭因无力耕种农村土地造成土地粗放、撂荒及承包主体与经营主体分离的现象日益突出，适应于改革开放初期的"两权分离"的集体所有权实现形式就越来越不适应形势的要求，因为土地承包经营权把承包权和经营权合在一起使权利边界模糊不清，造成了权利纠纷，影响了土地流转。而"三权分置"在客观上顺应了土地发展的需要，丰富和细分了农村土地产权结构，拓展了农村土地集体所有制的有效实现形式，更有利于发展农业经营规模、推进农业现代化、提升农业国际竞争力。

（2）"三权分置"丰富了我国农村土地双层经营体制内涵
我国农村的基本经营制度是以家庭经营为基础、统分结合的双层经营体制。改革开放初期实行的农村土地"两权分离"制度，并不只有家庭承包经营这个"分"的层次，还有集体的统一服务、统一规划、统一管理等"统"的层次，只不过"统"的层次比较单一，因集体经济实力薄弱做得不是很好。随着农业分工的发展和承包农户的不断分化，双层经营体制的内涵正在发生很大变化，曾经的家家包地、户户务农的家庭经营农户通过土地流转逐步由专业大户、家庭农场替代，并且还新增加了业主、农业企业等新的经营主体，从而使"分"的层次已经从单一的传统农户向多元经营主体共存转变。同时，"统"的层次也由过去单一的集体经济组织向多元化经营服务体系转变。两方面共同作用的结果使今天的"统分结合"的双层经营体制与以前大不一样，形成了"集体所有、农户承包、多主体经营、多元服务"的经营体制，而"三权分置"形成的集体拥有所有权、农户享有承包权、新型经营主体行使经营权的制度，正是与此相适应的产权制度。

（3）"三权分置"适应适度规模经营发展的要求 邓小平同志曾经指出我国改革开放的两大飞跃，我国从改革开放初期实行的"两权分离"的家庭联产承包责任制，已经实现了农业改革发展的第一次飞跃，现正处于第二个飞跃的转变期。目前，我国工业化、信息化和城镇化已经达到较高水平，而农业现代化还是

"四化"中最大的短板、最需要加强的环节。近年来，我国农业正面临日益突出的国际竞争，国内农业生产成本不断攀升而农产品价格高于国际市场，使我国面临农产品生产成本"地板"抬升、价格"天花板"封顶的双重压力。推进农业的适度规模经营，降低生产成本、提高农产品国际竞争力，比以往任何时期都更为迫切。此外，随着城镇化进程的加快、农村经济的发展，农村的社会保障制度也在不断地健全和完善，承包地的就业保障功能也因此而不断地被弱化，必须更加注重土地的生产要素功能，实现土地要素的充分流动和优化配置，最大限度提高土地产出率、劳动生产率和资源利用率。"三权分置"的土地制度充分调动了土地的流动性，在最大程度上激发了土地的活力，使土地资源得到优化配置，提高了土地的生产效率。

Q10 如何理解土地"三权"主体关系的互动性？

土地"三权分置"的 3 项权利也对应 3 类权利主体，即土地所有权人（农村集体）、土地承包权人（农民）、土地经营权人（多元）。虽然 3 项权利是独立的，但 3 类权利主体是互动的，当然法律形态上的权利主体也是独立的，但实际上却存在权利主体重合的情况，因为自然人与权利并非一一对应，而是一对多的情形，一个自然人可以享有不同的权利，成为不同类型的权利主体。以农民为例，农民既可以是土地承包权人，也可以是土地经营权人，而且这是目前实践中的绝大多数情况。土地所有权人是农村集体，土地承包权人是农民，土地经营权人是多元的。那么，它们之间的关系是如何互动的呢？

（1）土地权利主体的"直线型"互动关系　这种情况主要出

现在农民作为土地承包权人和经营权人主体时。农村集体作为发包方，农民作为承包方和经营者，除了发包与承包的关系外，还存在监督与被监督的关系。需要说明的是，土地所有权人并不是监督承包权人，因为土地承包权人必须具有农民这一单一的身份限制，土地承包权并不要求权利人在土地之上实施某种生产性活动；然而，土地经营权要求权利人在土地之上实施某种生产性活动，如此便存在变更土地功能的风险，尤其是土地撂荒的情况，因而需要对其加以监督。

（2）土地权利主体的"三角型"互动关系 这种情况主要出现在土地承包权人和经营权人主体不一致时，也就是存在农村集体、农民、非农民（指不具有农村户口的自然人）3 类不同主体的情形。农村集体将土地发包出去，农民作为承包权主体从农村集体处承包土地，农民再以出租的方式流转给经营者。经营者并不能直接从农村集体处承包土地，而是只能从农民处承租土地，获得该土地的经营权，成为经营权主体。农民并不直接对其承包的土地实施某种活动，农村集体的监督是直接对经营者的生产性活动和撂荒的情形加以监督。此外，农民也会对经营者进行监督，这种监督与农村集体的监督不同之处在于，其要求经营者必须按照契约（合同）上的约定经营土地，不得超出对经营权期限、经营方式等具体事项的约定。

这里的双重监督符合"契约内部自由和外部限制"的精神内核，即土地承包权人与土地经营权人之间的"完全和充分的自由意志"必须在法律上得到尊重，然而这种"自由"又必须是有边界的，那么其边界必须是来自于外部环境——土地公有制。

无论在"直线型"互动关系中，还是在"三角型"互动关系中，土地所有权人和土地经营权人之间并不直接发生"契约"关系，而仅仅是存在监督与被监督的关系。"契约"关系仅仅发生在土地所有权人和土地承包权人之间、土地承包权人和土地经营权人之间。

Q11 土地"三权分置"是否具有可行性？

在我国，基于土地而产生的权利，从来都不是自然权利的范畴，而是社会（国家或政府）自上而下构建起来的。土地"三权分置"是否具有可行性，要从 3 个方面考虑：①是否符合我国土地制度变迁的规律，即现有的土地权属分离的实践经验可以用来借鉴；②是否符合我国顶层设计的"利益预期"，即土地"三权分置"能否实现农业经济的预期目标；③是否符合增加农民财产收益政策目标，即土地"三权分置"是否能有效地增加农民的收入。综合起来，这 3 个方面基本符合"存量"搞优化、"预期"做调整、"增量"做文章的思路。

土地"三权分置"是继承"两权分离"而发展的，能够吸纳足够的制度实践经验；土地"三权分置"的权利配置中将土地经营权独立析出，以此方式从权利上赋予多元主体参与农业经营，能够促成农业规模经济效应，放大土地的增值效益，符合农业经济预期；同时将土地承包权予以保留，以此方式从权利上保障了农民基于土地获得财产性收益，强化了农民对于土地制度的维护，能够实现农民增收的政策目标。从实践经验、经济预期、政策目标来看，其减少了土地权属结构改革的阻力。因此，土地"三权分置"是可行的。

Q12 土地"三权分置"是否符合农业经济预期？

我国在农业领域实现了家庭承包制的农民经济之后，曾经一度激发了农村劳动力的活力,其积极效应主要体现在土地生产力持续性提高和粮食商品率大幅增长。这种家庭承包制的积极效应源自于当时农村人口红利,而随着更多的农村劳动力输出以后,并且在计划生育政策影响下农村人口锐减,于是家庭承包制已经难以发挥其作用,出现了大量的荒耕地。当前,家庭承包式的个体经营的缺陷愈发突出,现实中的瓶颈印证了"中国农业现代化中最棘手的难题就是如何将小规模细碎农业规模改造成适合发展现代农业的农场规模"。这就要求当前的土地"三权分置"必须符合顶层设计在农业经济上的预期。从外国农场实践的经验来看,现代化农业经济的飞速发展离不开规模化经营,具体到土地"三权分置"的制度上,必须考虑该制度设计能否推动农业规模经济的形成。

所谓的规模经济效益,就是指适度的规模所产生的最佳经济效益。其中有两个关键点:①规模要适度,这就要求所有的生产规模必须与当时的生产力相适应,否则规模过大,反而会使最佳经济效益出现衰减,这种衰减体现在成本的过量投入;②降低成本,在生产力不变的情况下,降低成本是规模经济效益的发力点,也就是说由生产规模扩大而使长期平均成本下降。所以,要发挥出规模经济效益,基础条件就是形成与生产力相适应的规模。当前,我国的工业现代化极大地提高了农业生产力水平,比如机耕取代了牛耕、机动插秧机取代了人工插秧、机动收割机取代了人力打谷机等,这些均极大地节省了单位劳动时间,降低了耕作成本,提高了劳动生产率。农业生产力水平的提高为农业规模经营提供了生产条件。

土地"三权分置"的理论创新和制度创新,将土地经营权独立析出,而不是像土地"两权分离"那样,将土地经营权和土地承包权合成为"土地承包经营权",允许多元主体参与农业经营活动，允许土地向非农民流转。这意味着，只要农民或者非农民有足够的资金，就能承租到更多的土地，将土地规模化，如此能够吸引到更多的资本投入，进而将土地资产转化为土地资本，进行市场化运作。如索托所言"资本是推动具体事物必不可少的力量，也促使人们去创造剩余价值"，在资本的吸引和推动下，会有更多的人愿意参与到农业经营中去，将资本逐渐从工业领域输入农业领域，创造更多的农业剩余价值，而不仅仅是生产粮食，而是逐步发挥出农业规模经济效应。土地"三权分置"的形成为农业规模经营提供了制度条件，也正是这样的制度构建，才能够真正激活农业规模经济效益。

未来的农业规模经营形式，大致会出现两种情形：①家庭农场式规模经营，这种规模经营主体依然是农民，就单个农民而言，生产力的提高，在有限的个体劳动时间内，其能够耕种更多的土地，一部分农民会将其他农民的土地流转过来形成家庭式农场，这与原来的个体农民经营方式没有本质的区别；②公司式规模经营，这种方式主要是非农民基于资本，通过流转的方式将土地集中起来，其最大的特点是按照资本运作的方式来经营土地，在市场经济中能够更有效地配置土地资源。无论如何，这两种未来并存的农业规模经营形式都能够极大地激活规模经济效益，符合顶层设计的农业经济预期。

Q13 土地"三权分置"如何实现农民增收的政策目标？

十八届三中全会通过的《决定》中的"赋予农民更多财产权利"提出改革完善农村宅基地制度，探索农民增加财产性收入渠道。虽然没有直接提到通过改革完善农村土地制度，从而使农民增加财产性收入，但从习近平在《关于〈决定〉的说明》中的"赋予农民更多财产权利，主要是依法维护农民土地承包经营权，保障农民集体经济组织成员权利，保障农民宅基地用益物权"可以推知，土地承包经营权依然是农民增加财产性收入的渠道。2014年提出土地"三权分置"以后，土地承包权和土地经营权自然而然地成了农民增加财产性收入的渠道。诚然，土地经营权激活了农业规模经济效益，就可以极大地增加农民的财产性收入，同时由于经营主体的多元化，也在一定程度上提高了农民财产性收益减损的风险。那么，如何保障农民的财产性收益呢？这就需要依赖土地承包权的制度设计。

允许多元主体参与农业经营，将会引入大量的商业资本流入农村，由于资本的逐利性和支配力，在与农民同等准入条件进行土地经营，势必会挤压个体农民的利益空间，因而必须从制度上保证农民有优先准入权利。也就是说，经营者必须从农民手中承租土地，而不能从农村集体去直接承租土地。因此，在土地权属结构分置时，对土地承包权的保留，从实际上而言，是对农民的财产性收入权利进行了最大程度的保留。在市场经济社会里，承包权表现为一种具有交换价值的独立资产，占有它能够取得相应的利润，转让它要得到等价的补偿。土地承包权是使用土地的前置性权利，"三权分置"后的土地承包权的目的并不在于"使用"，而是在于"交换"，它是以交换价值为中心的基础性权利。这是因为"土地承包期"本身就是制度设计保留下来的"资格权"，其目的在于农民只要有唯一承包土地的资格即可，并不期望或者激励农民去经营所承包的土地（因为政策导向更倾向于集约化经营）。农民在承包土地之后以流转的形式获得土地的交换价值，从而实现土地的财产性收益，此时农民获得财产性收入绝大部分是依靠

"交换"而非"使用",亦即农民将土地流转给经营者,经营者按照市场以契约形式支付给农民相应的对价,此所谓"交换";经营者以流转而得的土地进行经营活动,此所谓"使用"。总而言之,实现土地"三权分置"后,农民获得土地的交换价值,经营者实现土地的使用价值。

自古以来,土地是农民最重要的生产资料,也是农民生存和发展的基本保障,无论土地制度如何变迁,"保障农民生存和发展"的目标应该不能改变,这也是解决"三农"问题的关键所在。基于维持社会稳定的考虑,土地承包权的功能是保障农民财产性收入,解决农民基本生活的保障问题。在农民完全城市化(目前以户籍变更为标志)之前,承包权的长期保留为进城务工的农民"有家可归,有地可耕"提供了制度性保障。实现农民的土地财产权益是增加农民财产性收入的根本途径,在土地"三权分置"的权属范畴下,通过土地承包权来保证农民的土地财产权益,进而提高农民财产性收入。将农民的该项权益予以维护并强化,不仅大大地减少了来自于广大农业人口方面的压力,而且还能够得到他们的支持,无疑极大地增加了土地"三权分置"制度的可行性。

Q14 土地所有权主体经历了哪些变化?

集体化的农村土地所有权主体是要求土地所有权主体必须是农村集体,既不是私有化给农民,也不能国有化归国家(政府)。如布洛克所言"通过过去来理解现在,通过现在来理解过去"。从历史的轨迹中,总能汲取一些能为当前所用的东西。在我国历史上,曾经出现过土地国有化和私有化的交替更迭现象。

随着原始社会的土地公有制逐步瓦解，夏、商、西周时期，以宗法分封制和井田制为基础形成的宗族国家土地所有制，实际上是以各级宗主为代表的贵族土地私有制；春秋时期，各国被迫进行的土地法律制度改革，扫清了宗族国家土地所有制的障碍，为战国以后地主土地所有制的确立奠定了基础；秦汉魏晋南朝时期，土地私有制正式形成并得到空前发展，通过土地兼并形成了大地主；北朝隋唐时期，北魏为土地私有权的确立奠定了基础，自唐德宗建中元年以后，在自耕农小块土地私有制之上，以地主阶级庄园制为代表的大地主所有制再次上升为土地私有制的主要形式；宋辽金元时期，宋朝法律制度明确保护官私土地所有权，辽代政权农用土地大致分为国有"公田"、荒地"闲田"和官民"私田"3类（除牧场畜地外），金代土地分为国有"官地"、"荒地"和官民"私田"3类，元朝土地分为国有官田和私田两类；明清时期，明朝仍是国有"官田"与私人"民田"并存，清朝延用了唐、宋、明与之相关的内容，对官私的土地产权进行严格保护；"中华民国"时期，其土地法律制度都承认并保护原有土地所有制与私有权。

Q15 土地所有权主体为什么是农村集体？

土地所有权人必须是农村集体，这种审慎构建是一种制度安排，实际上是将土地所有权视为公有制下的权利结构，在法律上并不承认土地所有权的私有性质，以此防止新的"圈地运动"及"四海无闲田，农夫犹饿死"的土地兼并之风。我国历史上的农民起义在很大程度上是因为土地问题，这从历史上的李自成提出的"均田免粮"口号、太平天国时期《天朝田亩制度》提出的"有田同耕"、工农红军在土地革命战争时期提出的"打土豪,分田地"等历史事实中都可以得到印证,折射出土地在我国的重要性。但是,除了新中国成立之后构建了土地公有制度以外,历史上的各种"平均分配土地""人人有田耕",最后都沦为了私人的资财,成就了"大地主",这与"普天之下,莫非王土"的私人权力意识有密切关系。反观之,以土地由农村集体所有为基础构建的土地制度,能够很好地防范"土地私有化陷阱"。

从我国历代土地法律制度变迁中可以推知,在实行农村土地集体所有制之前,无论是所谓的"国有制",还是"私有化",都深受"普天之下,莫非王土"观念的影响。由于国家社会制度不一样,在"家天下"的影响下,并不存在真正的土地"权利",反而折射的是基于土地之上的"权力"。因此,在社会主义制度中,在法治范畴内构建"三权分置"时,必须将土地所有权主体打下"集体化"的烙印,而不能将土地"国有化"。

Q16 土地承包权主体为什么必须是农民?

无论是土地私有制,还是土地公有制,最主要的是通过土地保障农民的生存、生活、发展。然而,土地私有制和土地公有制在社会整体效率和成本上有较大的差别。假设在同等的初始社会情境下,实行土地私有制能够在较短的时间内激发人的创造能力,创造巨大的财富。但是从长远来看,由于个体能力的差异,个体之间的财富差距会越来越大,在资本支配力的作用下,不可避免地会形成"大地主",导致失地者越来越多。为了解决失地者的基本生存问题,国家必须以社会保障的方式进行救济,当这一救济再也无法解决因失地者造成的各种社会矛盾,将会掀起新的一轮

"旧制度之下自发形成的大革命",此时会造成巨大的社会成本。实行土地公有制,虽然无法像土地私有制那样短时间内就能见到效果,往往还因为对个人私权的限制而引来诸多诟病,但从可持续的角度来看,其更具有制度优势,在承认个体能力差异的客观情况下,提前通过制度设计防止形成"大地主",保证不至于出现大量的失地者(理论上不会出现失地者),因而不至于因失地者而引发社会保障制度危机,或者出现更为严重的"革命式"运动,更能节约整体社会成本,也更具有效率性。客观来说,土地私有制具有"见效快"的特点,而土地公有制具有"可持续"的特点。最好的路径选择就是能够在"可持续"的前提下"见效快",这意味着需要在土地公有制之中构建私有性质的权利。

在土地"三权分置"的框架中,将土地所有权配置给农村集体,能够保持土地公有制,防止土地私有的"入侵",保证"可持续"的基础,而土地经营权作为完整的私权,能够实现"见效快"的效果,介于公权和私权之间的土地承包权则起到了桥梁作用,而不至于引起所有权和经营权的激烈冲突。为了维持三种权利的"和谐共处",就必须将土地承包权的主体固定为"专农化"。土地承包权人必须是农民,而不能是农民以外的任何主体,这也是基于历史上的经验教训而做出的制度安排。前文分析了土地具有很强的社会属性,因此在权利主体上必须保证农民的绝对地位,而不能将农民排除出去。如果直接实现从土地所有权到土地经营权的"直通",由于农民在资本实力上的弱势,其他资本大量涌入农村会将农民逐渐排挤出土地经营领域;而保留农民在土地上的承包权,无论多少外来资本流入农村土地市场,必须从农民手中去承包土地,这就保障了农民在土地上的控制权,以法律的形式强制保护了农民的权益,即便经营者和农户签订土地买卖合同,该合同也因违法而无效。早期的土地承包经营权，实际上是解决了农民承包集体土地自己耕种的情况，这确实是一种智慧的权利制度设计，但并未考虑农民承包集体土地以后自己不耕种的情况，当时的社会情境足以认定农民并不会作为劳动力流出农村，而是像历史上的农耕文明中的农民一样绝对依赖土地。因此，在"三权分置"中，并未排除承包权的内容，反而是保留了承包权，这就是考虑了农民在土地上的绝对地位，也从制度上保障了"耕者有其田"。如此，法律上确定了土地所有权属于农村集体所有，一方面稳固了公有制，另一方面保障了农民的基本生存条件，具有切实的实践意义。

Q17 土地经营权主体为什么是多元化的？

因为土地承包权已经能够解决农民在土地上的"权利永固"，土地经营权作为完整的私有权，其经营权主体可以是多元的，如此并不会因为土地经营权主体的多元化而导致农民丧失其土地的权利。放开土地经营权主体的限制，能够最大化地激活土地的资本效应和增值功能。土地经营权作为一种新的制度安排，极大地扩大了土地流转的范围，也加速了土地流转的速度，提高了有限的土地资源的配置效率，能够形成新型的农业经营方式，并产生规模经济效益。

从性质上而言，土地经营权主体，既可以是农民，也可以不是农民。在我国农耕文明的发展进程中，农民一直是事实上的土地经营者，新中国成立以后到目前为止，制度设计的3次变迁也是把农民作为第一位的土地经营者对待，从某种程度而言农民是当然的土地经营权人。而今的土地"三权分置"的制度设计，将经营权人的主体多元化，并不要求具备农村户口。从类型上而言，个体自然人和法律拟制人（公司和其他法律组织等）都可以成为土地经营权人，个体成为经营权人主要是以"家庭"为生产单位，法律拟制人成为土地经营权人主要是以"公司"为生产单位。虽然法律拟制人无法进行实际的农业经营活动，但是其可以通过契约的形式，雇佣个体自然人进行具体的农业经营活动。

Q18 我国对农用地用途有哪些限制？

"三权分置"下的土地承包经营权实现了承包权、经营权的分离，为今后土地经营权向新型农业经营主体流转提供了条件。通过流转取得的土地有的虽未用于非农建设，但非粮化现象严重，一些大户圈占土地后，主要从事苗木、花卉等经济作物生产，粮食安全问题难以保障。为保障粮食安全，保障基本粮田的规模，承包土地为基本粮田的，其土地经营权流转不得擅自改变土地的粮田用途。

"三权分置"下的土地经营权抵押与融资

Q1 土地经营权的抵押人包含哪些？

抵押人是指以自己的财产为自己或他人的债务设定抵押权的人。目前，土地经营权的抵押人包含两类。

（1）土地经营权抵押人不限于集体经济组织的农户 依据《农村土地承包法》第 15 条规定："家庭承包的承包方是本集体经济组织的农户。"这说明承包方仅仅指的是农户而不是家庭成员中的自然人。因此，将土地经营权抵押时，抵押人应该是享有承包资格的农户，既不是作为发包方的集体经济组织，也不是农户的家庭成员。关于抵押权人的范围，应是一切自然人、法人和其他组织。因此，除农户外，通过土地经营权流转而取得土地经营权的专业大户、家庭农场、农民合作社、农业企业等，也可以作为土地经营权抵押的抵押人。分离之前的承包经营权流转，具有严格的身份限制，或限于农户之间，或经过发包方同意流入农户之外。承包权和经营权分离之后，经营权没有身份限制，不再受到集体经济组织成员资格的约束，具有开放性和流动性，有意愿和能力从事农业生产活动的主体原则上都可以获得。此外，在土地经营权权利主体方面，已突破集体经济组织成员身份的限制，即自然人（家庭农场、专业大户）或法人（农民合作社、龙头企业）均可成为土地经营权的主体，但是在同等条件下，集体经济组织成员可以优先于非集体经济组织成员成为特定的土地经营权主体。从实践层面上看，享有土地经营权的，既有已承包土地的本集体经济组织成员，也有不属于本集体经济组织成员的农业企业和农业合作社等。

（2）土地经营权抵押人是集体经济组织成员　根据《农村土地承包法》第 5 条的规定："农村集体经济组织成员有权依法承包由本集体经济组织发包的农村土地。"这说明享有承包经营权的是作为自然人的农村集体经济组织成员，而非"农户"，农村集体经济组织成员是取得家庭承包经营权的实际的、直接的权利主体，农户则是获取家庭承包经营权的形式主体、间接主体。

党的十八大以及十八届三中全会都提出要鼓励土地经营权在公开市场上流转，由此可以肯定，今后土地经营权在市场上流转的经营主体不再限于集体经济组织的农户，而应有更多的新型农业生产经营主体，这是今后农业发展的趋势。

Q2 土地经营权的抵押人应该具备哪些资格？

为了避免农民流转土地承包经营权后沦为无地农民，《农村土地承包法》规定："承包方有稳定的非农职业或者有稳定的收入来源的，经发包方同意，可以将全部或者部分土地承包经营权转让给其他从事农业生产经营的农户。"土地经营权的抵押也会发生土地经营权转让的后果，对抵押人的资格是否也应有类似的限制呢？随着市场经济改革的不断完善，农地改革已经进入关键阶段，为促进农村土地经营权流转以培育更多的新型农业经营主体，在"三权分置"条件下的土地经营权抵押中，其抵押人主体范围不应仅限于农村集体经济组织的农户，应包括一切从事农业生产经营的主体，只要他们愿意从事农业生产经营都不应予以限制，对抵押人的资格也不应做出"有稳定的非农职业或有稳定的收入来源"的限制性规定。

Q3 土地经营权抵押权人的范围该如何界定？

从全国抵押试点地区的情况来看，现阶段土地经营权的抵押权人大多是金融机构。当前各地土地经营权抵押试点的抵押权人均限于银行等金融机构，其优势在于管理规范、资金雄厚，但条件限制多，成功办理有难度。在"三权分置"下，既然承认土地经营权是农民的财产权，就应该保护财产权的完整性，中央一再强调土地经营权可以抵押、担保融资，这是对土地经营权物权性质的进一步强化。从中央的意图来看，允许土地经营权抵押融资的目的就是为了化解农业生产融资困难的问题，从未来农村土地经营权抵押的发展观察，设立专门的农地抵押金融机构为农村经济发展提供融资服务这是大趋势，但是我们并不能将抵押权人仅限定为金融机构这一类主体。金融机构作为抵押权人固然有其优势，但是抵押程序复杂，限制性条件较多，办理贷款时间较长，特殊情况下农民急需用钱还是更倾向于向亲戚朋友等熟人借款，或以土地经营权作为抵押以获取贷款。如果允许一些农业经营公司成为抵押权人，他们将可以通过自身的资本、经营管理技术等，提升农业生产管理水平，进而提高农业生产效率，将更加有利于促进农业现代化、规模化发展。

Q4 一般自然人和普通企业法人成为抵押权人后是否会产生问题？

有一种观点认为，一般自然人和普通企业法人成为抵押权人可能引发高利贷或可能引发以抵押担保为名的私下土地买卖。笔者认为是不必要的。首先，农民之所以贷款是因为缺乏农业生产所需资金，基于此更应该拓宽抵押权人的范围，让农民有更多的途径获取贷款，而不是限定抵押权人的范围；其次，农民是理性的人，不到万不得已不会轻易去贷款，基于农村社会的熟人关系，即使是亲朋好友之间的一些个人抵押借贷有些也是无偿的，不需要支付利息；最后，农民只是土地的使用者，根本不享有土地所有权，又何来的担心农民私下土地买卖呢？即便是农民将土地的经营权抵押出去，抵押权人实现抵押权时农民只是暂时失去了一定期限的经营权罢了，丝毫不会改变土地所有权的性质。

Q5 土地经营权抵押的客体有哪些？

土地经营权抵押的客体包括集体经济组织所有的由集体经济组织成员承包的土地"经营权"，此经营权附着的特定标的物是农户承包的集体土地。其客体仅限于承包地的地表，不包括地上、地下。在"三权分置"下，农户土地抵押权的客体是承包集体土地的"经营权"，既不是承包集体土地的"承包经营权"，也不是集体土地的"承包权"。"承包权"之所以不能视为土地经营权的客体其理由有以下两点。

①将承包权抵押，会导致农民无地可种，会失去基本的生活保障，造成社会不稳定。正因如此才将集体土地承包权一分为三，把经营权从中单独划分出来，从而实现坚持集体土地所有权、稳定农村土地承包权、搞活土地经营权的农村土地制度改革的目标。

②集体土地的承包权是一种身份权，身份权是不能抵押的。只有本集体经济组织内部成员基于成员身份才能取得土地承包经

营权,如果一旦失去本集体经济组织成员的身份,那么也随之失去承包农村土地的资格,从这种意义上来说,成员身份权是取得土地承包经营权的前提和基础。承包权作为身份权是不能抵押的,在"三权分置"下将土地经营权从土地承包经营权中分离出来,所有权归集体不动摇,承包权归农户不变,独立的经营权不再具有身份性,可以抵押担保。

综上所述,"三权分置"下土地经营权抵押的客体仅限于农户承包集体土地的经营权,不包括承包权;集体土地承包经营权整体也不能抵押。集体土地的承包权与土地的经营权分离后,土地承包关系保持不变。土地经营权人进行经营权抵押时并不必然发生经营权的转移,只有当抵押权人实现抵押权时才真正实现承包权与经营权的分离。

Q6 土地经营权抵押登记的相关规定和模式有哪些?

土地经营权抵押登记,指由登记机关依法在登记簿上就土地经营权的抵押状态予以记载的行为,是一种权利登记。关于不动产权利的登记,我国《不动产登记暂行条例》第 5 条规定:"下列不动产权利,依照本条例的规定办理登记:①集体土地所有权;②房屋等建筑物、构筑物所有权;③森林、林木所有权;④耕地、林地、草地等土地承包经营权……"

在不动产抵押登记的效力方面,有两种不同的立法模式,即不动产登记生效模式和不动产登记对抗模式,我国《物权法》采取的是登记生效模式。农户取得集体土地承包经营权根据《农村土地承包法》的规定"承包合同自成立之日起生效",采取的是合同生效的立法模式。《农村土地承包法》规定"土地承包经营权采取互换、转让方式流转，当事人要求登记的，应当向县级以上地方人民政府申请登记，未登记的，不得对抗善意第三人"，不以登记为流转生效的要件。不经过登记，转让也生效，只是不能对抗善意的第三人。可是当土地承包经营权采取互换、转让等方式让渡时，立法采取的却是登记对抗主义模式。这是否可以推导出承包地的经营权抵押流转也应该采取抵押登记对抗主义模式呢？笔者不认为抵押财产本身的取得方式与其抵押权的设立存在必然的联系。例如，《物权法》第180条和187条对以招标、拍卖等方式取得的荒地等进行抵押流转时就采取的登记生效主义模式，抵押经过登记才能生效，抵押权自登记时设立。对抵押登记究竟采用什么立法模式，要视抵押物的情况而定。

为什么都是集体土地经营权的抵押，而通过招标、拍卖和变卖获得的集体的"四荒"土地的经营权与农户承包集体土地的经营权就存在很大的区别呢？这是因为家庭承包方式取得的土地承包经营权，仅限于集体经济组织内部成员，具有封闭性，其立法体现的核心价值是当事人意思自治，这种经营权抵押不必一律登记才生效，当事人认为需要登记的才进行登记，不登记的只是不能对抗善意第三人。而"四荒地"的取得是通过招标、拍卖等市场竞争方式取得的，具有充分的市场开放性和流通性。为确保交易的安全，立法者对其抵押权的设立采取了登记生效主义模式。另外，取得承包权时具有明显的身份性（成员性）、封闭性，缺乏广泛的流通性，不能进入市场自由流转。而土地的经营权则不一样，因为经营权的受让主体具有广泛性，一切从事农业生产经营权的主体都可能成为土地经营权的受让主体。土地抵押权的设立是为了保证土地在市场上自由流转，为了确保交易相对人的交易安全，土地经营权抵押的设立应以采用登记生效主义模式更为适宜。

土地承包经营权在《物权法》中是被归为用益物权之中的，那么"三权分置"后的承包权和经营权也应当具有物权性质，而物权最主要的特征就是具有排他性，因此在经营权的流转过程中，有必要采取一些公示手段，让外界都能够清楚地了解到权利的归属情况。在"三权分置"政策出台之前，我们国家已经开始在农村地区实施农村土地承包经营权确权登记工作，明确产权以便更好地保护土地承包经营权人的权利，产权明确是其流转的基础和前提条件，确权登记工作为"三权分置"后的土地经营权抵押流转提供了可行性。

如果抵押权人是集体经济组织内部成员时，此时的抵押权设立则另当别论。这种情况就与土地承包经营权的"取得"类似，由于双方当事人都是集体经济组织内部成员，交易对象范围小，彼此都比较熟悉，因此没有必要采取登记生效主义模式，而是采取登记对抗主义立法模式，没有必要一律要求所有抵押都必须登记，这样更加有利于节约当事人的抵押登记成本和时间，提高交易效率。

综上所述，以家庭承包方式取得的土地经营权设立抵押登记时，应区分不同的情况采取不同的立法模式。①若土地的经营权在市场上抵押，则抵押登记应当采取登记生效模式，这样更有利于交易安全，保障交易相对人的利益。②若土地的经营权以抵押方式在集体经济组织内部抵押流转，则宜采用抵押登记对抗主义立法模式。

Q7 土地经营权抵押备案的规定有哪些？

《农村土地承包法》第37条规定："土地承包经营权采取转包、出租、互换、转让或者其他方式流转，当事人双方应签订书面合同。采取转让方式流转的，应当经发包方同意；采取转包、出租、互换或者其他方式流转的，应报发包方备案。"通过分析该法条可知：①签订书面合同是土地经营权流转的必经程序之一；②必须经发包方同意是以转让方式流转的必经程序；③包括土地经营权抵押在内的任何流转方式都必须报发包方备案。实践证明，包括土地经营权抵押在内的流转，为了交易安全，预防纠纷，需要签订书面合同并报发包方备案。

Q8 土地经营权抵押贷款支持哪些贷款用途？

赋予农民土地经营权以抵押、担保手段的根本目的在于拓宽农民的融资渠道，以便获取更多的资金发展农业生产。因此，在单独以土地的经营权向银行等金融机构抵押贷款过程中，应当明确其贷款用途仅限于农业生产经营，如果抵押人擅自改变贷款用途，抵押权人有权终止抵押合同或停止贷款发放。中国农业银行2014年制定的《中国农业银行土地承包经营权抵押贷款管理办法（试行）》对于贷款用途有详细规定。

①此处所说的农业生产经营的范围应针对现代农业发展的特点，进行一些新的拓展。例如，目前一些经济发达地区和旅游发达地区出现了不少旅游农业、现代休闲农庄、观光农业等现代农业形式，这种新型的农业经济形式越来越受到农民的青睐，应该

列入农业生产经营的范围。在今后立法过程中应当对农业用途的概念予以准确定位，为今后农民通过承包地的经营权抵押贷款扫除障碍。

②抵押贷款用途由谁来监督，对于贷款用途的监督由作为发包方的农村集体经济组织的村委会进行监督比较合理。首先，金融机构只有审查抵押人资信状况的权利，如果将监督权交由金融机构来行使，势必会增加其工作负担，增加其交易成本；另外，金融机构既没有行政职权，对贷款人也不熟悉，如何调查资金使用状况将是难点，金融机构也不愿意承担。其次，村委会对本村村民的个人情况最为了解，方便对其资金使用状况进行监督。农村本来就是一个熟人的社会，具有一定封闭性，圈子小，彼此熟悉程度较高，哪家有个风吹草动的事情全村人都会知道。最后，如果由行政主管部门来监督，究竟是由农业部门还是国土部门来监督也不好确定。

综上所述，土地经营权抵押人应把抵押贷款的用途限定在农业用途，这是"三权分置"政策赋予农民享有土地经营权抵押、担保融资的本意，也是发展农业生产的需要。鉴于现代新型农业经济形式的出现导致农业用途的范围有所扩大，抵押贷款资金应鼓励用于新型农业发展用途，有利于农民增收致富的农业经营形式都可以纳入农业用途的范畴之内。同时，不能仅将农业用途狭义地理解为种地。关于贷款用途的监督，应由抵押人所在的集体经济组织的村委会来担任这个监督者的角色，由村委会将监督情况向抵押权人报告，再由抵押权人采取相应的措施。

Q9 土地经营权抵押时其效力范围包含哪些？

不动产抵押的效力范围包括：抵押权的担保范围，即哪些债权属于抵押担保的范围；抵押标的的范围，即抵押权的效力及于哪些标的物。前者着重于担保债权的优先受偿力；后者着重于抵押权的支配力。抵押效力所及标的物的范围，不仅关系到抵押权的实现程序，而且影响到后顺位抵押权人和一般债权人的利益。土地经营权抵押效力的首要问题在于土地经营权抵押的效力是否及于地上的农作物。

土地经营权抵押的效力是否及于地上的农作物，理论和实践中都有不同的看法，2014 年《中国农业银行农村土地承包经营权抵押贷款管理办法（试行）》第 4 条规定："本办法所称农村土地承包经营权抵押贷款是指借款人在不改变土地所有权、承包权性质，不改变农村土地农业用途的条件下，将农村土地承包经营权及地上附着物作为抵押担保向农业银行申请办理的借款业务。"从地方的抵押试点实践来看，有些地方制定的土地经营权抵押贷款规范也规定地上的农作物可以一并抵押。理论上学者们对此看法却有所不同，一种观点认为，土地经营权抵押的效力及于已被抵押的耕地、林地、草地使用权的全部。因为在抵押权设立之前，抵押物的从物已经存在，从物应帮助抵押物发挥效用，这是由主物与从物之间具有的依存关系所决定的。所以，抵押权的效力应及于该从物。另一种观点认为，土地经营权抵押的效力不应及于地上的农作物。因为家庭承包集体土地的经营权与土地上的农作物的所有权是两项分离的权利，前者是农村土地的用益物权，后者的农作物是普通的动产所有权，两者并无必然的一体关系。还有学者认为，不能一概而论。土地上本不属于抵押人的附着物不在抵押权效力内，抵押效力是否及于土地上抵押人的附着物可以按法律规定或当事人约定。

土地经营权抵押的效力能否及于土地上的农作物取决于以下

两点：第一，抵押效力能否及于从物；第二，农作物能否视为土地的从物。关于第一点，《最高人民法院关于适用〈中华人民共和国担保法〉若干问题的解释》（以下简称《担保法司法解释》）第63条规定："抵押权设定前为抵押物的从物的，抵押的效力及于抵押物的从物。但是，抵押物与其从物为两个以上的人分别所有时，抵押权的效力不及于抵押物的从物。"由此可见，抵押权设定时，抵押财产有从物的，抵押权的效力应及于从物，抵押权人实现抵押权时可将从物一并拍卖并以其变现价款优先受偿。将从物置于抵押权效力之下，一方面可以增大抵押权人的控制范围，强化抵押权的效力；另一方面在抵押权实现时，主物、从物一并变价处分可获得有利的价格，对抵押人也同样有一定利益。关于第二点"农作物能否视为土地的从物"，在以土地的经营权设立抵押时，抵押权的效力不能及于地上农作物。因为将地上农作物一并抵押会影响承包方的收益，而且土地的经营权与农作物并不存在如同建设用地使用权与地上建筑物那样不可分离的物理关系，因此，不能简单适用建设用地使用权与地上建筑物一并抵押的规则。《担保法司法解释》第52条也规定："以农作物和与其尚未分离的土地使用权同时抵押的，土地使用权部分的抵押无效。"地上的种植物是依附于土地的财产，与土地承包经营权有密切的联系，但二者不是主物与从物的关系。《中华人民共和国森林法》就将林地使用权与林木的所有权规定为两种独立的林权，二者不是主物与从物的关系，是相互独立的物权客体。因此，法律应允许承包经营的土地经营权与其地上附着物所有权分别设置抵押。

综上所述，土地经营权抵押时其效力是否及于地上的农作物，应该区分不同的情况进行处理：①依据"法无明文规定皆可为"的基本原则，对于没有规定的事项只要当事人的约定不违反法律法规的规定即为有效，在签订土地经营权抵押合同时，由双方当事人自由协商土地抵押权的效力是否及于地上农作物；②对于经济价值较高的农作物或者经济作物而言，因为其本身具有较高的经济价值，可以视为一种独立的物，而不能视从物，抵押权的效力不应该及于地上的这类农作物；③对于那些附着于农地上的经济价值不大的农作物，当土地经营权抵押时其效力可及于地上的农作物。

Q10 土地经营权设立抵押后其效力范围包含哪些？

土地经营权设立抵押后其效力是否能及于地上新增的农作物，我国现行法律没有明确规定。学术界对此也存在争论，主要有以下3种观点：肯定说、否定说、折中说。肯定说认为抵押权设定后发生的从物，亦应理解为抵押权的效力所及。否定说认为从物为动产的，在设定后成为抵押财产的从物，原则上不应为抵押权效力之所及。折中说认为，为兼顾各方当事人的利益，原则上应认为抵押权的效力及于抵押权设立后增加的从物，若因此而影响到一般债权人的共同担保时，则抵押权人实行抵押权时，虽然可以把抵押物与从物一同拍卖，但就该从物无优先受偿权。一般债权人主张抵押权人无优先受偿权的应该负举证责任。

这3种学说都具有一定道理，但是各有不同的侧重点。肯定说是站在抵押权人角度考虑，但这可能会损害其他一般债权人的利益；否定说是从限制抵押权人的抵押权、维护一般债权人利益考虑，不让抵押权人的抵押权过于强大，从而使一般债权人利益免受损害；折中说在于平衡各方当事人利益。

综上所述，今后修改相关立法时对于土地经营权抵押的效力范围应予以明确，避免造成理论上和实际应用中的混乱。对于该采取何种方式修改则取决于立法者价值取向，若为强化抵押权的效力则可采取肯定抵押权的效力可及于农作物的立法方式，若为保护一般债权人利益则可采取否定抵押权及于地上农作物的立法方式。

Q11 我国法律对抵押权的实现方式是如何规定的？

各国家或者地区的法律对于抵押权的实现方式有不同的规定，但一般均适用强制执行程序。根据《中华人民共和国担保法》（以下简称《担保法》）以及《物权法》的相关规定可知，抵押权的实现方式主要有拍卖、变卖、折价3种方式，具体以何种方式实现取决于当事人的选择。若在签订的合同中有规定的，按合同约定方式实现抵押权。如果合同当中没有约定的，双方当事人亦可以通过自愿协商的方式选择其中一种方式来实现抵押权。若经过当事人双方自由协商仍无法达成抵押协议时，此时抵押权人则可以寻求公力救济手段，请求人民法院以拍卖、变卖方式实现抵押权。

Q12 如何理解以折价的方式实现抵押权？

抵押财产折价，又称协议取得抵押财产，是指抵押权人以确定的价格取得抵押财产所有权以受偿其债权。其实质是买卖加抵销，即抵押人将抵押财产卖给抵押权人，并用其价款债权与主债权作抵销。抵押权人与抵押人通过协商，参照市场价格对抵押物确定一个折算价格，并由抵押权人取得抵押物所有权以抵偿债务。

从以上关于折价的概念可知折价有以下几层含义。

①折价的实质是以物抵债，抵押人到期不能偿清债务时，抵押权人取得抵押财产的所有权，以债务的债权额为限额，多退少补。流质抵押是指抵押人到期不能还款，抵押物的所有权就归抵押权人所有。协议折价则是抵押人到期不能还款时，由抵押权人与抵押人自由协商并参考市场价格将抵押物予以折价，不会发生抵押人因抵押权人低估抵押物的价值使抵押人利益受损的情形。

②折价是抵押权人与抵押人双方在意思自治的基础上，就抵押物的折价价格达成一致的方式。若双方就抵押财产的价格达成一致意见，则按照协议价格折价受偿；若未能就价格协商达成一致意见的，就必须依照抵押权实现时抵押物的市场价格来折算其价值。

③根据《物权法》的规定，折价协议不得损害其他债权人的利益，否则其他债权人或抵押权人有权请求法院予以撤销折价协议。

Q13 土地经营权抵押实现时是否采取折价抵押方式？

土地抵押权的实现不宜采取折价方法，但在抵押权人为承包户或其他农业经营者时，可以采用协议折价方式。具体理由如下。

①根据一般抵押权实现方式可知，折价、拍卖、变卖是抵押权实现的一般方式，由于"三权分置"下的土地经营权抵押流转市场尚未建立，若抵押权人与抵押人协议一致按照市场价格执行，那么这个市场价该如何确定？实践中最缺乏的恰恰就是这个"市场价"，这势必造成"市场价"的概念模糊、标准不统一、价格随

意、权威缺失，影响土地经营权抵押的实现。

②金融机构本身是从事发放贷款、吸收存款等金融服务的，若以折价方式取得土地经营权则与其业务宗旨不符。

③折价方式是指抵押权人和抵押人双方协商一致的结果，其他债权人不参与协商，也无从知晓协商内容是否对自己有利。在以折价方式实现土地经营权抵押时，若抵押权人和抵押人私下串通、暗箱操作，那么折价协议就可能会损害其他人的合法利益。

综上所述，"三权分置"下土地经营权抵押时，不宜采取协议折价的方式实现抵押权。

Q14 土地经营权抵押实现时是否要对拍卖、变卖方式进行限制？

对于抵押权人以拍卖、变卖方式将抵押的土地经营权再流转给第三人，理论界和实践界对此都比较赞同，但是对于拍卖、变卖是否应有一定条件限制还存在一些不同的看法。

笔者认为：①"三权分置"下土地经营权拍卖、变卖的受让人，不应有资格条件限制。原有限制是针对土地承包权与土地经营权未分离的情况而规定的，已经不适应新形势下农业规模化经营的客观需求。②在"三权分置"下土地经营权的拍卖、变卖中，应取消本集体经济组织成员的优先权。因为，既然土地的承包权与经营权相分离，承包权是不允许农户进行抵押的，仅仅将经营权进行抵押流转不会造成承包权的任何变化，也不会瓦解农村集体经济组织，若抵押拍卖时再设立本集体经济组织成员享有优先权就失去了实质意义。③从维护国家粮食安全角度考虑，应该防止外资通过实现土地经营权抵押进入农业生产经营领域，影响国家粮食安全。

根据《物权法》第195条规定，抵押权人与抵押人没有就抵押权的实现方式达成协议的情况下，抵押权人可以依法请求法院强制拍卖抵押物或以变卖抵押物的价款清偿债权。总体而言，拍卖、变卖要优于折价方式。将变卖与拍卖进行比较会发现：拍卖的优势在于具有公开性、透明性，实行公开竞价机制，公信力强；其缺点是成本高。变卖具有成本低、效率高的优势；缺点是程序性较弱，公开性、透明度不如拍卖，容易暗箱操作，损害债务人和第三人的利益。所以，相对于拍卖而言，法律对于变卖适用的条件比较严。具体采用何种方式实现抵押权取决于抵押权人的个人选择。

Q15 我国土地经营权抵押实践有哪些？

当前土地经营权抵押的法律制度尚未建立而主要是靠政策指引的情况下，各地试点实践尤显重要。为此，笔者从我国东部经济发达地区、中部经济欠发达地区及西部经济落后地区各选取 1 例进行实证分析研究。东部沿海地区考查的是浙江省海盐县，中部考查的是湖北省天门市，西部考查的是宁夏回族自治区同心县。

案例 1　浙江省海盐县

"农钻通"农村流转土地经营权抵押

浙江省是我国东部沿海经济发达省份之一，自改革开放以来，经济发展迅速，民营资本十分活跃，二三产业发达，不少农民已经从土地上解放出来，大量农村劳动力开始转向了第二产业或第三产业，基本不需要通过种地来维持最基本的生活，民间土地经营权流转十分普遍。因此，浙江农村地区的土地经营权流转十分活跃，土地集约程度、规模化经营程度比其他地区要高，这为金融机构开发农地融资新产品提供了良好的机会。海盐县正是在土地承包权、经营权相分离的基础之上，以分离后的土地经营权进行抵押贷款，创新农地融资新产品。

海盐县"农钻通"农村流转土地经营权抵押，是指抵押人将合法取得的流转土地经营权及地上（含地下）附着物作为债务担保抵押，抵押银行是海盐县农村信用合作社。为了使土地经营权抵押流转工作顺利进行，海盐县于2009年挂牌成立了海盐县农村土地流转和产权交易服务中心，并制定了《海盐县农村土地承包经营权流转管理办法》，该办法确定的流转主体的范围仅限于拥有家庭承包经营权的农户，接受流转的主体（即受让方）则是承包农户、农村合作经济组织等从事农业生产经营相关的组织以及个人。其抵押贷款基本操作流程是：①农户提出土地经营权抵押贷款申请；②农村信用社受理申请；③由信用社对申请人资信状况进行审查，依据支付的土地流转价款和地上附着物价值综合确定贷款额度；④海盐县农村土地流转和产权交易服务中心办理流转农地经营权抵押登记；⑤信用社和贷款农民签订抵押贷款合同，发放土地经营权抵押贷款。

2009年6月，海盐县首笔农村流转土地经营权抵押贷款应运而生。海盐信用联社向西塘桥镇养猪专业户陆建华等

3 家农业规模经营户授信流转土地经营权抵押专项贷款 600 万元，解决了农村经营户的融资难题。截至 2009 年 8 月底，服务中心委托和通过服务中心流转的土地达到 6 252 亩。2015 年邮储银行海盐县支行也开始了土地经营权抵押贷款业务的办理，并于同年 8 月完成该行第一笔 40 万元的土地经营权抵押贷款业务。

海盐县共有土地面积 32.41 万亩，截至 2015 年 11 月共流转土地面积 14.78 万亩，流转面积还不到总面积的一半，其中已办理抵押权证的只有 1.59 万亩。从目前的统计数据来看，土地经营权抵押的数量还不是很多，因此，从将来预期收益来看，流转土地经营权抵押潜在空间很大。

在现行法律禁止家庭承包方式取得的土地承包经营权抵押的前提下，流转土地经营权抵押的开展离不开政府的扶持以及政策的引导。开展土地经营权抵押，突破了土地承包经营权不能抵押的制度瓶颈，对于引导农村土地承包经营权流转，优化农村土地资源配置，具有十分积极重要的现实意义，同时也为实现农业规模化经营提供了条件。在中央相关政策的指导下，农村信用社等金融机构积极开拓土地经营权抵押贷款业务，创新土地融资新产品，为缓解农村融资困难开辟了新渠道。可以预见，今后在"三权分置"的农地改革大背景下，土地经营权的抵押流转将呈现井喷趋势，开展土地经营权抵押将实现农民增收和农业经济发展双赢的效果。

案例 2 湖北省天门市

天门市土地经营权抵押贷款

天门市地处湖北省中部、江汉平原北部,常住人口约173万人,天门是湖北省人口最多的县级市,同时也是全国人口最多的县级市之一,外出务工流动人口40万人左右,占总人口的43%。由于外出务工人员比较多,导致土地经营权流转频繁,这为开展土地经营权抵押提供了条件。为了引导广大农村土地经营权的合理抵押流转,2009年中国人民银行、中国银监会联合制定了《关于进一步加强信贷结构调整,促进国民经济平稳发展的指导意见》,其主要目的是引导有条件的地区积极开展土地经营权抵押贷款试点。中国人民银行天门市支行在该政策的指导下,积极探索开展土地经营权抵押贷款,在解决"三农"融资难问题方面做了有益尝试,促进了农村经济的快速发展。

为便于开展土地经营权抵押贷款工作,中国人民银行天门市支行专门制定了《天门市农村土地经营权抵押贷款方案》。该方案主要内容涉及抵押贷款条件、抵押贷款模式、贷款抵押品的确定、贷款办理程序、贷款风险防范等几个方面。

(1)抵押贷款的客体及贷款的限制条件

①抵押贷款客体 具备持续生产能力的果场、林场、养殖场、农业种植基地及其他符合条件的农村土地经营权。

②抵押贷款的限制条件 贷款主体须为完全民事行为能力人,具备良好经营状况,抵押贷款的经营权要合法取得,产权关系明确,不得改变土地农业用途。

（2）**抵押方式**　天门市开展土地经营权抵押贷款，针对3种不同风险类别的贷款制订了不同的抵押贷款方式。

①土地经营权直接抵押　主要是对生产周期短、市场行销快、经营效益好、风险程度低的产业实行完全形式的土地经营权抵押。

②土地经营权抵押＋行业协会担保　针对的是具有一定风险但风险可控的情形。

③土地经营权抵押＋农业担保公司　针对的是市场前景好但风险难以预见的情形。

（3）**抵押贷款的程序**

①登记　农村土地经营权证由行业主管部门核发，经营权流转可以委托村经济组织、中介机构（农村土地流转服务站、中心）进行，也可以是农户间直接流转。

②评估　土地经营权价值必须经权威部门进行综合评估，确定基价，并出具评估意见书。

③纠纷仲裁　由市经管局制定农村土地（再）流转纠纷仲裁办法并组织实施。

（4）**贷款风险防范**

①自担风险　对因经办人主观原因造成的风险损失依经办行、经办社规定予以责任界定并实行追究。

②政策保险　鼓励保险机构积极参与土地经营权抵押贷款保险。由财政出资与经营业主按1∶1的比例予以保险扶持，分散和转移金融机构放贷风险，稳定农民收入和农业生产，增强信贷偿还能力。

③行业联保　组建农村融资担保公司。

④政府贴息　对于土地经营权抵押借款，政府应给予利息贴补。

⑤基金补偿　一是建立风险补偿来源可持续扩充机制。由财政部门按照前一年土地经营权抵押贷款的10%安排专项资金，依照"专款专用、结余留存、流转使用"的原则，对土地经营权抵押贷款过程中发生的风险给予适当补偿。二是直接补偿机制。对因自然灾害等不可抗拒力造成的土地经营贷款损失，由财政部门按金融机构最终损失额度的30%予以确认补偿，以确保承办金融机构稳健发展。

案例3　宁夏回族自治区同心县

同心县土地经营权抵押贷款

同心县是国家级贫困县，农民长期贫困，为解决农村融资难问题，当地积极探索农地抵押贷款新模式，正所谓"穷则变，变则通"。自2006年开展土地经营权抵押试点以来，已累计发放土地经营权抵押贷款9 096万元，惠及农户达3 000多户，且未发生过不良贷款。

同心县土地经营权抵押是采取典型的土地协会模式，具体方式是同心县政府组织成立"农户土地协会"，以行政村为单位，处于信用社的两个乡镇网点内，由全体村民选举产生协会的会长、副会长，并选择该组织内相对富裕、有领导力和号召力、有偿债能力和担保能力的成员担任常务会员。然后村民将自己拥有的土地经营权的一部分入股土地协会，经该协会审查通过后才能成为土地协会的会员。会员如果需要抵押贷款的，就要先向该土地协会提出申请，然后选择3名普通会员和1名常务会员作为抵押贷款担保人，最后由申请抵押贷款的会员与其他4名担保人和土地协会，分别签订土地经营权抵押转让协议（即反担保协议），将所抵押的土地经营权转让其他代为偿还的担保人或协会进行转让处置，直到贷款本息还清之后，贷款农户才能赎回土地经营权，并取消其会员资格。每个常务会员只能担保10户，每个普通会员只能担保3户。常务会员申请贷款时，由其他2名常务会员和会长、副会长担保。申请抵押贷款的会员履行完抵押担保手续后，在向信用社申请贷款时，由土地协会与信用社签订最后的总担保协议。

同心县土地经营权抵押贷款的基本流程如下：①以行政村为单位，召开村民大会成立土地协会；②由全体常务会员审查批准会员入会申请；③签订土地经营权抵押协议；④土地协会提供担保；⑤信用社发放贷款；⑥土地经营权的转让。

由于同心县这种反担保抵押贷款模式增强了贷款人的信用度和还款能力，农村信用社不必担心到时候贷款难以回收，解除了其后顾之忧，为引导农村信用社积极参与这种新型的土地经营权抵押模式提供了可能。土地经营权的抵押，一方面，农户不用担心因还不起贷款而失去土地承包权，因为农民抵押的只是一定期限的土地经营权，承包权依然在农户手中保持不变，即便抵押权人实现抵押权时也只是获得其一定期限的土地经营权；另一方面，通过会员的反担保和土地协会的总担保，这种双担保制度降低了信用社的贷款风险，受到广大农民的欢迎。

Q16 为什么说在土地经营权抵押融资中农村土地产权制度仍不完善？

我国改革开放以来实施的农地产权制度是土地集体所有、家庭承包经营的"两权分离"制度，农户拥有土地承包经营权。但是，目前我国绝大多数地区尤其是经济落后地区承包土地"四边不准"、权属关系不明的状况非常突出。正因如此，全国各地正在开展农村土地产权的确权颁证，但这项工作要等到几年后才能完成，因而目前全国绝大部分地区的农村土地权属不清晰的状况还将维系一段时间，这就限制了在许多地区开展土地经营权抵押担保的产权基础条件。在已经确权颁证的试点地区，近几年来已经试着开展土地经营权抵押融资，但是抵押的是承包经营权还是经营权，在哪种情况下抵押的是承包经营权，哪种情况下抵押的是经营权，在一些政策文件中并没有清晰划分，更没有法律的规定。在中央明确"三权分置"并且规定抵押担保的是土地经营权的情况下，虽然为土地抵押融资的是承包经营权还是经营权之争画上了句号，但是经营权的权能有哪些，与承包权、所有权是什么样的权属关系，目前还处于探索过程中。承包权与经营权的关系和边界还没有明确的、权威的制度规定，造成流转土地的农业经营主体要想用经营权去抵押贷款，往往涉及与承包户的关系很难处理。

Q17 如何理解土地产权价值评估困难？

土地经营权抵押融资的放贷金额是由土地经营权的价值评估

决定的。一方面，农地由于受区位、地形地貌、土壤等自然条件甚至地上农作物种植种类的不同，其价值的差异很大，本身很难做出比较客观、准确的评估，因而建立一套统一的农地价值评估体系十分困难。另一方面，由于农地产权评估公益性强、收益低、要求高，一般的专业评估机构和人员大多不愿意介入此领域，造成土地经营权评估的中介机构和人员十分缺乏。

在土地经营权没有统一的价值评估体系的情况下，土地经营权的价值站在不同的角度就会出现差异巨大的主观判断。站在抵押人的角度，抵押人为了贷到更多的资金往往会对土地经营权价值产生比较高的评估；而站在金融机构的角度，不管是对农业生产还是对土地价值方面都知之甚少，考虑变现难等因素，往往不会给予较高的价值估值，从而导致土地经营权价值差异的分歧很难统一。因此，土地产权价值评估是制约土地经营权抵押融资的主要因素之一。

Q18 如何理解土地经营权抵押融资变现难的问题？

土地经营权作为抵押标的物并不具备常规抵押物的特征，它只是一项用益物权。抵押人在用土地经营权向金融机构申请贷款时，金融机构获得的只是土地一定期限的经营权。由于金融机构的工作人员不具备土地生产经营的技能，一旦出现抵押违约情况时，金融机构只能通过土地经营权的再流转进行变现清偿贷款。抵押担保资产的共同特征就是易于流通变现，土地经营权作为抵押担保物也要符合这个特征，这就要求我国农地产权流转交易市场比较完善和发达。然而，当前我国农村并没有建立起完善的农地产权流转交易市场，金融机构在进行土地经营权变现时需要花费大量的时间和人力去寻找流转对象，并且在短期内还很难找到匹配的农户或者经营主体接受土地。同时，土地经营权的再流转或变现涉及与承包户的关系，如果承包户有不同意见，处理起来难度较大，交易成本很高，这无疑会增加金融机构的放贷风险，降低其参与积极性，从而严重制约土地经营权抵押融资的推广。

Q19 土地经营权抵押融资与农村社会保障制度有关吗？

虽然我国社会保障体系在最近几年得到不断完善，并且已经初步建立起农村生活的社会保障制度；但是，与城镇相比，农村社会保障水平低、差距大、不充分、覆盖面窄的问题突出。例如，农民目前每月领取的退休养老金只有几十元到几百元，这与城镇职工相比差好几倍，尤其是社会救助体系中的农村居民最低生活保障连城市居民最低生活保障的 1/2 都不到。目前农村过低的养老保障水平难以真正为农民提供社会保障，致使土地在很大程度上仍然承担着农民最后的生存保障、就业保障、养老保障功能，这就大大降低了农民运用土地经营权进行抵押担保的意愿。

Q20 为什么说土地经营权抵押融资中存在经营风险？

土地经营权抵押融资的第一还款来源是农业生产经营收益，而农业生产自身在很多方面存在的不确定性增加了还款风险。①农业生产具有明显的季节性、分散性、周期长等特征，并且极易受天气和地质灾害的影响而存在很大的自然风险，这造成了农产品产量和收入的不确定性。②农产品的贮藏保鲜比较困难、费用高，销售的季节性强，而居民对农产品的消费弹性一般比较小，供给稍微大于需求其价格就会下跌得十分突出，因而农产品价格受市场波动的影响大；同时，国内外农产品市场的相互影响，一体化程度的加深，更加剧了农产品市场的波动。农业特定的生产周期和生物属性限制了农业生产效率的提高，农产品市场价格的不确定注定了农业生产经营具有高风险、高成本、低收益等特征。新型农业经营主体主要从事的是规模化、专业化、产业化经营，受自然风险和市场风险的影响会更大、程度会更深，如果一旦遭受这种风险，土地经营权抵押融资贷款将在很大程度上受到损失。

Q21 为什么说土地经营权抵押融资中存在处置风险？

土地经营权抵押融资的第二还款来源是土地经营权的再流转，金融机构对土地经营权再流转变现也存在潜在的处置风险。这种风险来自两个方面：一方面，当发生贷款违约时，金融机构能否及时把土地经营权再流转出去存在较高风险。在我国当前农地流转交易平台不健全、农地信息不对称的情况下，金融机构把土地经营权再流转出去的难度较高并且可能存在再流转价格过低的现象。另一方面，金融机构获取的是一定期限的土地经营权，并不是土地的长久经营权，一旦土地的流转期限到期后，土地经营权作为抵押物将失效。在抵押期限内金融机构能否获得足够的清偿金额存在较高风险。

Q22 为什么说土地经营权抵押融资中存在制度风险？

当前在我国各地区试点开展的土地经营权抵押融资中，几乎都是在地方政策的支持下进行的，相关方面的法律保障并不充分。在实践操作中，有的试点地区是通过把"两权分离"变为"三权分置"的方式，避开不允许土地承包经营权抵押贷款的法律禁区。土地经营权抵押融资的提出解决了农户融资难的问题，但是土地经营权是否可以抵押在我国法律上仍然处于空白状态。一旦出现纠纷并诉诸法院时，根据现行法律的特点，土地经营权抵押的有效性很难被证实，金融机构的利益可能被损害。

Q23 为什么说土地经营权抵押融资中存在信用风险？

我国信用征信体系不完善，由借款人诚信缺失采取逆向选择行为而产生的信用风险是一个比较普遍的现象，农业经营主体也不例外。土地经营权抵押的土地主要是通过流转获得的，并且一般采取的是一年一付租金的方法，对土地经营权抵押融资，其实对抵押人的约束性不是很强。当发生贷款违约时，抵押人损失的只是土地耕种年限，到土地流转期限结束时抵押关系自动失效且抵押人并没有因此而付出什么代价，这无形当中增加了抵押人的违约机会。抵押人违约的机会成本很低、土地经营权抵押融资的监督机制不健全，这很容易给不守诚信的抵押人可乘之机，把从银行贷来的资金用在非农业生产方面，如搞投机性的放贷获取高利润等，一旦出现风险，金融机构将收不回贷款。现实中有些农业企业或者业主打着发展现代农业、生态农业、高科技农业的"幌子"，在套取国家的政策补贴、财政资金投入和银行贷款后"一走了之"。

Q24 土地经营权抵押融资是否有实际发生的案例?

案例　四川省成都市温江区

土地经营权抵押融资

（1）温江区概况　温江区位于成都市正西，辖区面积277平方千米，辖10个镇、街，114个村、社区，户籍人口38.6万，农村人口17.32万，农用地面积21.89万亩，其中承包耕地19.17万亩。温江是4 000多年前古蜀鱼凫王国发源地，全境位于成都平原腹地，由岷江冲击而成，无山无丘，气候温和、四季分明，素有"金温江"的美誉。温江是全国休闲农业与乡村旅游示范区、全国集体"三资"监管示范区。2014年，温江农民人均纯收入17 126元，比上年增长11.6%。

从2008年开始，温江区坚持以"还权赋能、农民自主"为核心，系统推进确权颁证、制度创新、平台搭建、要素流动等工作，做到"确实权、颁铁证"。温江区现在已经取得明显效果：全区共颁发集体土地所有权证1 152本，确权面积31.51万亩；颁发承包经营权证65 431本，确权面积191 719亩，与农户签订耕保合同65 431份，合同保护耕地面积191 719亩，累计发放耕保基金总额近3亿元；颁发集体土地（宅基地）使用权证51 015本，确权面积21 009亩；颁发农村房屋所有权证187 000本，确权面积1 657万平方米；组建股份经济合作组织1 434个，其中股份经济合作社1 334

个、股份经济合作联社 90 个、股份经济合作社联合总社 10 个，量化集体资产 3.8 亿元，集体土地 3.29 万亩，发放股权证 70200 本；形成农村土地承包经营权、股权长久不变的组有 1137 个；建立区级土地承包流转管理服务中心 1 个，镇级土地承包流转管理服务分中心 10 个，村级土地承包流转管理服务站 105 个。

温江区从 2007 年《中华人民共和国农民专业合作社法》（以下简称《农民专业合作社法》）颁布实施到现在，已登记注册合作社 171 个，其中国家级示范社 3 个，省级示范社 6 个，市级示范社 7 个，区级示范社 78 个，农民资金合作互助组织 1 个，取得"三品"认证的合作社 4 个，开展"农超对接"的合作社 3 个，进行商标注册的合作社 7 个，农民专业合作社带动农民 5.23 万户，带动面达 80% 以上。合作社的经营产业由单一的花卉、蔬菜种植向市场营销、园林绿化、乡村旅游和农机服务等多元化发展，并不断得到规范。

2013 年 12 月，温江区被确定为四川省农村土地流转收益保证贷款改革试点区。截至 2015 年初，已经成功办理农村土地经营权抵押融资 32 笔，土地面积 2007.4 亩，发放他项权证 32 本，实现抵押融资 1.0098 亿元。

（2）温江农地经营权抵押融资的主要做法 随着成都市经济的快速发展，周边农村大量劳动力被收益较高的二三产业吸引过去，再加上农业生产边际收益的下降，导致越来越多的青壮年不愿意从事农业生产，温江区也同样存在大量农地被闲置的现象。此外，随着农民务工收入的提高，农民对土地的依赖性逐渐降低，土地也不再作为农民生活的唯一保障，因此农民愿意把土地流转出去换取租金收入，这为实现土地规模化经营奠定了基础。为改善农地抛荒现象和保证农业产量的稳定，温江区政府牵头建立了区、镇、村三级土地流转交易服务中心并对农户土地进行确权颁证工作，以促进农地的流转、实现土地的规模化经营。为解决新型农业经营主体贷款难问题，温江区开展了土地经营权抵押融资试点，其具体做法如下。

①政府提供抵押融资政策支持　在土地经营权抵押融资进行的前期阶段，温江区对农地进行"还权赋能""确权办证"，同时制定"三权"登记、流转等程序，为实现土地的规模化经营做好铺垫。由于土地经营权抵押融资在我国法律上是被禁止的，为促进本区农地产权改革、解决抵押人和抵押权人的后顾之忧，区政府制定了《成都市温江区农村土地经营权抵押融资管理办法》《成都市温江区农村土地经营权抵押登记管理办法》等政策，为农村土地经营权抵押融资提供了政策支撑。

②制定农地价值评估办法　由于金融机构的工作人员对农业生产和农产品市场不了解，在进行土地经营权抵押融资时很容易对土地价值评估虚高，增加其放贷风险。为了降低金融机构风险使土地经营权抵押融资能够持续进行下去，区政府制定并出台了《成都市温江区农村土地经营权价值评估管理办法》，旨在对土地经营权有一个统一的评估标准。温江区根据抵押物自身交换价值和让与性特点，在土地经营权基准地价认定上设置了经营期限分别为 5 年以下、5 ～ 10年、10 年以上 3 个档次。根据农村土地的自然、经济、经

营期限等特点，决定采用委托评估的办法：评估机构决定农地价值的评估方法，对土地进行区域划分并按照每年评估一次的频率对其进行价值评估，定期公布每亩土地经营权的基准价格，基准价格即为各个利益主体的参考价格。担保公司随机在评估库里选出评估公司开展价值评估，且评估价格不得低于公布的基准价格。

③建立农地流转交易平台　为降低前期农村土地流转交易费用及解决后期土地经营权处置变现难问题，温江区政府建立三级农地产权流转交易服务平台。依托区农村发展局、农村经营管理站成立区级农村土地承包流转管理服务中心，每个镇、村也相应建立农村土地承包流转管理服务分中心和农村土地承包流转管理服务站，形成区、镇、村三级农地产权流转交易服务平台。农地流转交易平台的建立，解决了想要流出土地的承包户与想要流入土地的新型农业经营主体之间信息不对称的问题，节约时间和资金成本，同时也降低了土地经营权再流转的费用，在一定程度上降低了金融机构的放贷风险。

④构建抵押融资风险防范和处置机制　气候和农产品市场价格对农业生产收入的影响显著且不可控，这两个因素注定了农业生产经营的不稳定性，造成农业比其他行业的风险高。对于金融机构来说，风险高的行业并不是其理想的放贷行业。为提高金融机构参与土地经营权抵押融资的积极性，区财政设立了500万元农村产权抵押融资风险基金，包括农村产权抵押融资风险基金、土地流转风险保证金和农村产权抵押融资保险基金。当出现抵押人不能按期偿还贷款时，由

担保机构负责偿还为抵押人担保的贷款金额，剩余金额经抵押双方协商以抵押的农村土地经营权再流转所得价款受偿；或者经过抵押双方协商后，一致同意用处置抵押物直接清除债务并且终止借贷关系后，由政府对抵债资产实施收购，用来处置资产额清偿债务，资不抵债的损失部分由风险基金担保80%，抵押权人（金融机构）承担20%。

⑤制定科学的抵押融资运作流程　第一步，抵押人（新型农业经营主体）去农村土地承包流转管理服务中心通过合法途径流转土地，并与承包户签订土地流转合同获得土地经营权证。第二步，抵押人用土地经营权去金融机构申请贷款，同时去区政府指定的担保公司（温江区三联担保公司）为其贷款做担保。第三步，抵押人拿土地经营权证到担保公司指定的资产评估公司对所进行的抵押物做价值评估。其中，抵押物价值应该是土地经营权和地上附着物的价值总和，且资产评估机构给的评估价值不得低于区政府公布的评估标准。第四步，抵押人将评估机构出具的价值评估报告交给担保机构，担保机构根据抵押物的价值确定为其担保的贷款金额，同时抵押人将土地经营权反担保给担保机构并签订合同。第五步，金融机构与抵押人签订贷款合同后，抵押双方去区农村发展局办理抵押登记。登记机关对抵押材料审核通过后在抵押合同上签注抵押登记证编号、日期，经办人签字，加盖公章并发放抵押登记证。第六步，金融机构根据贷款合同、抵押合同及抵押登记证向抵押人发放贷款。

（3）郭氏土地经营权抵押贷款案例分析　温江区为启动土地经营权抵押融资，在政府制定了《成都市温江区农村土地经营权抵押融资管理办法》《成都市温江区农村土地经营权抵押登记管理办法》《成都市温江区农村土地经营权价值评估管理办法》及建立相应的风险补偿机制的前提下，在2014年开展了首笔土地经营权贷款——苗木商郭氏土地经营权抵押贷款。郭氏温江红花紫薇花木专业合作社用122亩土地经营权作为抵押物向成都银行申请贷款，其抵押物的价值评估则是由四川标准房地产估价有限责任公司、温江区相关部门、银行机构、担保公司和农户代表等组成的团队进行估值，经过多方考核最终获得的评估价值为88.11万元。在三联担保公司的担保下，由专业合作社122亩土地经营权作抵押向成都银行成功融资62万元，用来缓解苗木生产中的资金问题。这笔土地经营权贷款也是四川省首例农地经营权贷款，具有典型性。在温江像郭氏一样拿到贷款的目前已经有6户，融资金额达1412万元。

郭氏温江红花紫薇花木专业合作社土地经营权抵押贷款成功的因素如下。

①苗木商对贷款有强烈的需求　苗木商郭氏经营的是具有高附加值的苗木，主要是利用温江较好的区位、自然经济条件，通过租赁当地农民的土地来发展苗木以供应成都等大城市市场。郭氏作为规模经营业主自身并没有土地，主要靠租用合作社的土地来发展苗木。温江地处城市郊区，土地租金很高，100多亩土地1年的租金就是150多万元，加之苗木的前期投入很大而在1～2年后才可能有产出效益，因而资金需求量大。郭氏虽然自身有一些内源性资金，但相比规模经营的苗木来说远远不足，从而对银行贷款具有迫切需求。

②地方政府的支持 温江区政府相关部门为推进郭氏土地经营权抵押贷款试点试验，除了出台相关政策文件外，还全程帮助联系土地价值评估公司、担保公司和贷款银行等，搭建合作平台。地方政府的大力支持，给予了相关各方对此项改革试验的信心，从而促进了此笔抵押贷款。

③明晰的土地产权 温江作为成都市经济较为发达的区县，按照成都市的统一部署，较早和全面地开展了农村集体土地所有权、农民承包经营权、集体建设用地使用权、房屋所有权、林权等的确权颁证工作，明晰了农村集体和农民对土地的各项权能关系，赋予了农民对承包土地的财产权能。温江对规模经营业主颁发土地经营权证书，如郭氏温江红花紫薇花木专业合作社经申请获得了《农村土地经营权证》，登载面积 122.53 亩，有效期 5 年，理顺了承包权与经营权的关系，才有可能完成规模经营业主用土地经营权抵押融资。

④土地经营权与地上附着物价值一起担保 仅仅有土地经营权而没有地上附着物的价值，在租金一般按惯例只是一年一付或者半年一付的情况下，实际上土地经营权的价值是很低的并且很难评估和处置，因而能够取得的银行贷款额度也很低。但是，如果在流转土地上有价值较高的地上附着物并与土地经营权一起进行担保，这时土地经营权的价值就显示出来，在发生抵押人贷款风险时银行等金融机构可以对地上附着物进行有效处置，从而大大降低银行的贷款风险。温江郭氏能够用土地经营权抵押贷款，银行在很大程度上正是看到了郭氏经营土地上种植的苗木花卉至少几百万元的价

值。虽然抵押贷款使用的仍是土地的经营权，但这时苗木花卉地上附着物已经在起担保作用甚至是主要作用，所以，银行敢于贷款，担保公司敢于担保。

⑤多层转移风险的作用 温江郭氏土地经营权抵押贷款中，地方政府的倡导和支持实际上起到了隐形担保作用，同时地方政府还建立了农村产权抵押贷款风险补偿基金，当发生贷款风险时，可以由风险基金代偿一部分损失。在温江郭氏土地经营权抵押贷款中，还有三联担保公司的介入，如果发生经营风险而贷款不能收回时，担保公司就要承担一部分甚至大部分贷款损失。这样，有地方政府、贷款风险基金、担保公司等多重的"兜底"作用，银行自然愿意开展此项贷款业务。

（4）温江区土地经营权抵押融资评价 近几年温江区试点土地经营权抵押融资取得了较大成效，已经成功办理农村土地经营权抵押融资32笔，面积2 007.4亩，实现抵押融资1.0098亿元，在很大程度上满足了新型农业经营主体的融资需求。温江土地经营权抵押融资是在政府推动下形成的自上而下的"农户＋政府＋担保机构＋金融机构"融资模式，具有把承包权与经营权分开只用经营权抵押、经营权抵押与地上附着物的价值担保一起增强抵押物价值和政府推动多方合作等特征。试点地区的成功是政府引导与市场运作的完美结合，这说明将政府与市场结合起来可以实现土地资源的有效配置以达到帕累托最优。该试点地区的风险分担主体并没有像其他试点地区把风险全部转移到一个主体身上，而是引入第三方将风险分摊到担保机构、政府和金融机构身上，这种风险分担方式，对于试点起步阶段调动农业经营主体和金融机构参与的积极性，起到了很大促进作用。

虽然该试点地区在土地经营权抵押融资方面为我们提供了一个成功的模板，但其本身也存在一些问题，还有改进的空间。

①土地经营权抵押融资成本偏高　在整个土地经营权抵押融资过程中，抵押人从申请贷款到获得贷款需要支付的手续费有3方面：一是土地价值评估费，抵押人需要向评估机构支付土地价值评估费，一般每笔业务花费4000～8000元；二是担保费，抵押人每年都需要向担保机构缴纳每笔贷款金额的3%～5%的担保费；三是利息，抵押人还需要向金融机构缴纳在基准利率的基础上上浮不超过30%的利息费用。这3项费用合计起来，在贷款成本中的比例达到11.5%～14.8%，对抵押人来说这是一笔不小的开销。

②贷款期限短　在该试点已经成功办理的贷款中，贷款期限均为1年，抵押人实际使用资金时间为10个月，剩余2个月为用来办理贷款手续和后续筹款还贷时间。由于农业生产的特殊性，其生产周期一般都在1年以上，在这么短的贷款期限内，抵押人基本不能获得农业生产经营收益，有的生产者甚至还处在资金投入阶段。因此，现行的土地经营权抵押融资期限太短，并没有缓解经营者的融资问题。

③贷款程序复杂、历时较长　抵押人从申请贷款到拿到资金，需要经历政府确权颁证、土地价值评估、申请贷款、银行审批等多个环节，时间持续1个多月。对于急需农业生

产投入的农户来说会耽误农业生产的投资进程，不利于农业的生产发展。因此，现行的土地经营权抵押融资因其贷款程序复杂、历时较长对农业生产有一定的阻碍作用，影响农户贷款的积极性。

"三权分置"下的土地经营权入股

四

Q1 什么是土地经营权入股制度?

随着 2005 年《农村土地承包经营权流转管理办法》（以下简称《流转管理办法》）与 2007 年《物权法》的相继出台，土地承包经营权的权利属性被明确为一种用益物权。随着农村经济的发展，这种财产性的用益物权性质渐渐明晰，其作为财产权利可转让、可流通的需求日益上升；而原有的由所有权人发包、由权利人通过承包合同取得权利的方式，使土地承包经营权兼有了身份权性质和财产权性质，这种复合型的权利属性使土地权利在作为用益物权流转时受到一定的限制。中央"三权分置"的提出，意在明晰土地权利的复合性，使其作为财产性质的部分能够实现部分流转。基于此，主要对土地经营权"入股"的这种权利流转方式进行研究。

在我国《农村土地承包法》及《流转管理办法》中，已经对土地承包经营权入股做出规定。《农村土地承包法》第 42 条、第 49 条规定，承包方之间可以自愿联合将土地承包经营权入股，从事农业合作生产，通过招标、拍卖、公开协商等方式承包的土地，经依法登记取得土地承包经营权证或者林权证等证书的，其土地承包经营权可以依法采取转让、出租、入股、抵押或者其他方式流转。

在"三权分置"的视角下，土地承包经营权被进一步细分为土地承包权与土地经营权。在此基础上，土地所有权属于国家和集体；土地承包权属于农民，承包法律关系不变；土地经营权可以自由流转。因此，土地经营权入股，应当做如下定义：在维持原有法律关系不变、土地所有权人和土地承包权人不变的前提下，将土地经营权向从事农业经营的企业法人出资，将土地经营权转化为企业股权、土地收益转化为股权利润分配收益的权利流转方式。

Q2 土地经营权入股存在哪些法律关系？

土地经营权入股后，土地经营权完成了由权利人向农业法人组织的转移，同时权利人获得股东身份，依法享有股东权利。在这种权利转化的过程中，存在三方主体与新形成的法律关系。在对其进行研究之前应当以"三权分置"为视角，对其中的法律关系变化进行明确。

（1）对于承包权人与所有权人的法律关系 土地经营权入股后，土地经营权利人取得股东身份，原土地经营权转化为股权；同时，基于独立流转的视角，土地承包权依然归原承包人所有，土地承包法律关系依然存在，原承包合同由双方当事人继续履行，承包法律关系上的权利和义务未发生改变。

（2）对于承包权人与经营权人的法律关系 二者在土地权利流转中成为土地经营权的转让人与受让人。土地经营权入股后，经营权转化为股权，经营权人取得股东权利，并承担相应的义务。这种变化中其实建立了新的法律关系，即土地经营权的转让（入股）与土地经营权的受让（配股）法律关系。这种法律关系应该是与土地承包法律关系并存于"三权"权利人之间的。

（3）对于所有权人与经营权人的法律关系 基于"三权分置"的视角，土地经营权入股仅是土地经营权发生转变，并不涉及承包权的流转。所以，土地所有权人与土地经营权受让人不存在直接合同关系，双方依据各自与承包权人的合同约定独立享有权利、承担义务，二者的法律关系仅是在两份合同中互为有利害关系的第三人。

Q3 土地经营权入股的法律特征体现在哪些方面？

（1）土地经营权入股是实体权利向价值权利的转化　在土地经营权内容中，实际包含了在期限内经营土地所获得的收益。在土地经营权入股时，实际上是将这种预期的土地收益转化为股权，以取得企业在经营期限内的利润分配。其中，土地权利实现了其预期性权利的交换价值，是一种由实物意义上的经营权向价值意义上股权的转化。这也是其纯粹财产性权利本质的集中体现。

（2）土地经营权入股是一项独立的土地经营权出资　这种出资是与所有权人身份、实际支配权（承包权）人身份无关的。这种单独出资的特点类似专利权的转让，专利权同样可以将其使用权作为财产性权利出资，在出资后无论其专利使用权如何流转，专利发明人的身份都不会受到影响，也不会跟随使用权一并流转。土地经营权的流转在某种意义上具备与专利使用权同样的性质。

（3）土地经营权入股是一项合法的非货币资产出资　我国《土地管理法》第2条第3款规定"土地使用权可以依法转让"，《中华人民共和国公司法》（以下简称《公司法》）第27条更进一步地确认了土地使用权可以作为资本入股有限责任公司。而在《中华人民共和国公司登记管理条例》中，也并未将土地经营权列为禁止出资的财产。按照"法无禁止即自由"的原则，土地经营权属于土地使用权的一种，作为财产性权利入股公司的做法应当是合法的。由此，土地经营权的入股，当属合法的非货币财产出资。

（4）土地经营权入股是一项具有风险性的投资行为　任何企业的经营行为都是存在风险的，企业的农业经营也不例外。土地经营权入股的本质其实就是一项财产性投资，其高收益的同时也必然伴随着高风险的存在。因此，农民股东的土地经营权入股行为，也是具有土地预期收益无法实现、股权收益低于土地收益、土地经营权发生流转等风险的投资行为。

Q4 土地经营权入股的范围包含哪些？

入股是企业法上的基本概念，在土地权利制度的法律体系中，这种入股一般泛指对于企业法人的出资。《流转管理办法》第35条第3款："入股是指实行家庭承包方式的承包方之间为发展农业经济，将土地承包经营权作为股权，自愿联合从事农业合作生产经营；其他承包方式的承包方将土地承包经营权量化为股权，入股组成股份公司或者合作社等，从事农业生产经营。"从法律规定中，我们可以看出，这种土地权利入股的范围被限定为在合作社或有限责任公司成立时的出资。

那么，土地经营权是否能够作为法人资产向股份有限公司、个人独资企业、合伙企业出资呢？

①对于股份有限公司，已有学者做出研究，其自治空间有限、设立门槛较高的特征，使得农民在以土地经营权入股后，难以参与公司的土地经营行为，其表决权也会被大股东进一步削弱。这都制约了吸纳土地经营权作为公司独立资产的能力。

②对于以土地经营权成立个人独资企业或一人有限公司的形式，这种形式其实与个体承包经营土地无区别，难以实现吸纳工商业资本投入农业的目的，其经营时也需要对企业债务承担无限

连带责任。这种形式对于经营资本较少、风险承担能力较弱的农户而言，并不具备现实的可行性。

③对于成立合伙企业或有限合伙企业的形式，拥有土地经营权的农民显然不具备成为普通合伙人的风险承担能力，可以依据《中华人民共和国合伙企业法》（以下简称《合伙企业法》）第64条，作为有限合伙人以土地经营权入股。但据《合伙企业法》第67条的有关规定，作为有限合伙人并不具备对合伙事务的执行权，这种形式同样会限制农民对于土地经营行为的参与；此外，普通合伙人对于合伙企业的债务需要承担无限连带责任，这同样限制了外部资本进入农业经营的积极性。

综上所述，在现阶段的土地经营权入股制度中，不宜将经营权入股的范围过于扩大，宜先对土地经营权入股农民专业合作社与农业有限公司进行改革实践，其他类型的形式，有待具体法律制度进一步完善后再做研究。

Q5 以行政统一规划入股合作社为特点的南海模式是如何运行的？

土地经营权入股制度改革实践始于1992年的广东南海。广东省经济发展较快，随着城乡二元化的不断加深，农村劳动力向二三产业大量转移，土地"丢荒"和"非农化"的问题日益严重。为解决这一系列问题，1992年，广东省南海市（现佛山市南海区）开展了以土地股份合作制为中心的农村土地制度改革。南海市早期的改革内容可以归纳为：①对土地权利进行统一管理。在改革中，南海市对承包到户的土地进行集中，按征地价格折算。同时，对于集中的土地由农村集体组织进行统一的规划、经营与管理，划分出农田保护区、工业发展区和商业住宅区。对于集中土地的经营，采取招投标、家庭自愿经营或交由生产队的方式进行。②按户计股，按股分红。南海市将集中的土地折价计算出总价，设立基本股、承包权股、劳务股等多个股种，以集体成员个人为单位进行配股，在规定每股的保底分红后，按股分配盈余收益。③股权不允许转让。早期的改革制度中，均包含了股权不允许转让的条款，在此基础上，股权仅仅是作为一种分红的凭证，无法脱离集体成员的身份单独存在。

在南海市早期的土地制度改革中，由于土地股权与农村集体组织成员身份绑定、土地经营管理受行政组织控制等制度缺陷，各地逐渐出现户口"非转农"、外地人员迁入、农村人口激增等社会乱象。随着这些社会乱象的愈演愈烈，南海市政府又于2011年对股权分配制度与土地管理体制做出一系列改革：①改"股权到个人"为"股权到户"，以家庭为单位分配股权；②固化股权分配额度，股权不随家庭人口的增减、外来人口的迁入而变化；③完善集体组织成员的登记制度，明确集体组织成员的利润分配权；④放宽股权转让，允许土地股权在集体组织内部转让。除此之外，为了保障土地股权的流转，还相应地完善了土地价格评估、土地股权流转市场等制度。同时，在土地的经营管理上，逐步分离出行政组织对土地经营的控制，确立民主管理、自主经营的原则。随着这一系列改革的相继进行，土地权利的流转市场逐步健全，农民得以真正实现"带股进城"。

南海模式是土地经营权入股制度的开拓性尝试，提供了实体土地权利向股权转化的制度参考，使农民脱离土地制度的束缚，并从土地经营权的转让中获益。但是，从南海模式的改革进程中，我们也不难发现一些问题：①行政化的改革动因。在改革中，南海市政府大量采用了行政手段，土地权利的经营管理也受行政统一规划，农民入股缺乏利益驱动。这种"政经不分"的制度难以保障农民的基本权利，脱离农民自主意愿，导致改革中出现农民退股退社现象严重的问题。②土地股权属性存在缺陷。南海模式中土地权利的流转并没有摆脱承包权与经营权的糅合，这限制了土地权利转化为股权时的财产性质，直接造成了改革初期股权对身份权的严重依赖，直接导致了之后一系列社会问题的出现。③难以规避土地的"非农用"。南海模式中农民专业合作社大部分盈利并非是通过农业经营得来的，而是来自于所划分工业区与商业区中地产的开发与租赁。这当中明显存在改变土地用途的问题，同时也难以起到促进农业规模化经营的作用，与我国土地政策相违背。④封闭化的股权流转。南海模式中股权流转制度一直是封闭性、限制性的。在改革初期禁止股权的流转，而到了后期虽然放宽股权流转，但依然将其限定在集体组织成员之间。究其原因，仍应归结于土地权利之中对于身份权与财产权的糅合。⑤"再集体化"的土地集中。南海模式中土地入股的实质，其实是依据集体成员的身份来配股，土地权利仍然是依托身份权存在，无法实现作为财产权的独立流转。从这个角度来讲，南海模式中的入股并不属于《公司法》中的财产出资，只是一种土地权利通过行政命令方式实现了"再集中"后，向土地承包权人的"土地租赁"。

Q6 以按户籍入股股份制合作社为特点的昆山模式是如何运行的？

昆山市的土地经营权入股模式探索最早是由农户自发进行的。

昆山市处于江苏省南部，由于区位优势，农村工业化发展较快。随着农村经济结构的变化，农地资源逐渐变得稀缺，村民手中的土地经营权价值上升。

2000 年，昆山市一些农户自发组建成立了富民合作社，主要是以宅基地使用权入股，通过集中土地并租赁厂房、门店来获得收益并按股分红。随着富民合作社的兴起和发展，土地股份制合作社随之出现。该类型合作社的制度改革主要有：①以村镇的土地流转服务站为依托，将农户的土地经营权入股，进行规模化农业生产经营；②在入股自愿的基础上，以每亩土地 1 股的标准确定股权，并允许现金入股，每股 1 000 元；③保证每亩土地每年300 元的保底分红；④允许股权在土地承包期限内的继承、馈赠，但其他的有偿转让方式须经合作社与村委会同意；⑤要求经营符合土地总体利用规划，不改变原有的土地性质和用途。

值得一提的是，在随后的制度发展中，昆山市还出现了社区股份制合作社。这种制度改革主要由政府引导，优先在城镇化发展较快、脱离土地依赖的农村进行，并随之向其他较富裕的农村延伸。主要形式是将村组织的一部分经营性净资产以股权形式进行分配，成立社区合作社；将户籍在农村及长居地在农村的人员一并计算，每人 1 股，并额外对困难农户发放 0.1 ~ 0.5 股不等的特殊股。这实际上已经成为一种由农村向城镇过渡的社会福利保障制度。

随着昆山市股份制合作社在数量、规模和形式上的不断发展，2002—2005 年，政府相继出台了《关于规范组建农民专业合作社的指导意见》《昆山市农村三大合作工作意见》等一系列指导性意见，对农民专业股份制合作社制度加以规范：①确立"自愿入社、自由退社、共担风险、民主管理、因地制宜"的原则；②要求合作社制定章程并向工商与税务部门做产权登记；规定了社员代表大会、董事会、监事会等一系列部门；③确立合作社的最低成立标准与土地使用审核制度。这实际上是以现代企业的管理模式在对农民专业合作社进行规制。

昆山模式在农民专业股份制合作社制度的改革上取得了较大成功。从富民合作社、土地股份制合作社到社区股份制合作社的制度演进，昆山模式探索出了一条土地经营权入股—收益—盈余再分配的制度改革道路。昆山模式的创新在于其对土地股权的制度设计上：①按土地面积标准分配土地股权，并允许现金入股。这种股权分配制度肯定了土地经营权的财产性，使土地股权的分配不再受身份权所限。②对于现金入股的规定，也为土地权利制度的改革探索提供了参考。

但是，昆山模式仍存在一定的缺陷：①土地权利的收益分配依然具有身份权与财产权的二重分配标准。在现阶段农村土地权利制度改革中，仍无法脱离土地制度的社会保障职能。在土地经营收益的分配上，昆山市社区股份制合作社所分配的经营性净资产依然是由土地的规模化经营所获取的利润，其实质依然是将身份权作为盈余分配的标准。而相应地，作为财产权利的土地股权只能享受固定的保底分红，并不参与利润分配。这说明，在昆山模式中，土地权利制度上财产性职能让位于社会保障职能的制度缺陷依然没有改变。②土地权利的财产权性质依然存在缺陷。这表现在土地经营权在入股后，并不能享受土地经营所带来的股权收益分配。同时，从固定保底分红的制度上，可以看出这种土地权利的入股并不能算作是土地经营收益的投资，而只是作为固定分红的凭证，这并不符合《公司法》对入股的定义。在性质上，这种所谓入股的形式其实更倾向于土地经营权的租赁，并非是由财产出资转化股权收益，只是一种土地权利的"再集体化"的手段。

Q7 以成立按估价入股股份制合作社为特点的浙江模式是如何运行的？

浙江省对于土地权利入股的制度创新体现在 2009 年颁布的《浙江省农村土地承包经营权作价出资农民专业合作社登记暂行办法》（以下简称《暂行办法》）之中。从《暂行办法》对土地权利出资（入股）农民专业合作社的有关规定里，可以将这种模式的制度创新总结为以下几点。

（1）在制度内容上 《暂行办法》明确提出《农村土地承包法》中规定的通过合法取得的两种土地权利均可以依法向农民专业合作社作价出资，同时对于合作社的组织机构和章程内容有了更加完备的规定，这使专业合作社更加具备企业的特征。

（2）在股权分配上 《暂行办法》中明确要求在合作社的设立登记、制定公司章程、变更登记时应当进行土地资产评估，注明土地股权所占的出资比例，同时要求在营业执照上注明土地股权的具体出资数额。《暂行办法》的这项规定明确了土地权利入股后的股权分配以出资比例为标准，将土地权利出资与货币、实物等出资方式一视同仁，这是对土地权利制度改革的重大突破。从"三权分置"的角度上来看，这种股权分配制度摆脱了土地权利中承包权与经营权的糅合，真正体现了土地股权作为财产权的独立性。

（3）在股权流转上 《暂行办法》并未对股权的转让和退出做限制性规定，只对以土地权利进行增资时发生的成员变更做了变更登记和身份证明的要求。这也体现了政府对土地权利的财产性、物权性定性，在制度设计理念上不再苛求于"土地是否有权流转"，而是转向"如何促进土地权利流转"。

Q8 以成立土地经营权入股农业有限公司为特点的重庆模式是如何运行的？

2007年6月，由国务院批准，重庆市正式成为国家统筹城乡综合配套改革试验区。同年7月，重庆市工商管理局下发了《关于全面贯彻落实市第三次党代会精神服务重庆城乡统筹发展的实施意见》，并在第16条提出，除推动股份制合作社制度改革外，要在条件成熟的地区开展农村土地承包经营权出资入股设立有限责任公司和独资、合伙等企业的试点。随即，重庆市工商管理局办公室下发了《关于农村土地承包经营权入股设立公司注册登记有关问题的通知》，为土地经营权入股公司制定了八项基本要求：农民自愿；不改变土地用途；公司经营期限以农地第二轮承包期为限；产业项目前景良好；有龙头企业参与；有能人带头领办；区县政府支持；出资的土地权利经具备资格的机构进行资产评估。这项由土地权利入股公司的改革实践在之后被称为"股田制"公司制改革。

这区别于一般公司设立，除"八项要求"外，"股田制"改革对公司的经营范围、资产评估、公司章程、股权转让、对外投资等方面做出了规定，对农民股东利益及作价出资的土地权利进行特殊保护，如限定农业经营范围、增强农民股东对公司的控制力、限制存在土地股权的公司进行对外投资等。其中，最具代表性的制度改革当属"股田制"公司对股权转让的限制：以农村土地承包经营权入股的股东在全额置换其出资之前，除特殊原因外，不得向农民以外的单位或者个人转让其股权。这体现了现行公司资本制度与土地制度的不相容。

由于土地经营权入股公司在制度和政策上难以接轨，经过调研后，中央决定紧急叫停"股田制"改革。2008年，《关于开展农村土地经营权入股、发展农民专业合作社的决定》出台，重庆市对于土地经营权入股公司的制度尝试就此告一段落。重庆模式开启了"股田制"公司制改革的新模式，是对土地权利转化为公司资本的一次大胆尝试。尽管为避免农民"失地"的风险做了大量限制性规定，"股田制"改革依然在2008年被中央叫停。公司作为较成熟的企业法人，在制度完善和法律规制上较之股份制合作社都存在优越性，理应在土地经营权入股的制度探索上扮演更为重要的角色。土地经营权入股公司改革的昙花一现，其中蕴含着诸多与现行土地制度的价值冲突与制度冲突。

Q9 土地经营权入股股份制合作社的发展趋势如何？

在现阶段，农民专业股份制合作社的改革尝试包括早期的南海模式、昆山模式，以及之后更为成熟的浙江模式。在制度改革的发展中，股份制合作社制度逐渐呈现出以下几种改革趋势。

（1）**在组织形式上**　由行政命令下集中配股的集体经济组织向自发性的自由入股的股份制合作社转变。从最初的南海模式到后期较为成熟的浙江模式，可以看出农民专业合作社的股份制组织形式逐渐趋于完善，无论是在机构设置还是行为准则上都逐渐趋于成熟。这种逐渐成熟的组织形式也呈现出农民专业合作社向现代公司制度过渡的趋势。

（2）在分配方式上　由身份权性质的按户籍分配向财产权性质的按出资分配转变。股权分配制度的转变体现了各地对土地权利入股制度的设计理念正逐渐趋于成熟，土地经营权作为财产性质的用益物权基本明晰，土地权利的自由流转已被列入改革进程。在此基础上，应当进一步分离杂糅于现行土地承包经营权制度之中的承包权与经营权，在"三权分置"的视角下对未来的制度改革做出补充完善，扫清土地规模化经营的理论障碍与制度障碍。

（3）在行为规范上　从简单地以《农民专业合作社法》为基本行为规范到引入现代企业治理制度、以公司行为准则规定合作社的行为规范。各地政府对于股份制合作社均不同程度地采用了公司的治理结构来规范其生产经营行为，这是实践中广大股份制合作社以营利性为目的的必然要求。从这点上，也体现了公司制度作为经营法人主体在制度上的优越性与农业规模化经营的可行性。在未来的土地经营权入股制度完善中，最终需要完成由股份制合作社向农业有限公司的转变。

（4）在股权转让上　由限制股权转让向允许股权自由转让发展。制度改革的探索总是伴随着相关法律的不断完善，而相关法律制的完善也将指导着制度改革的进一步发展。随着《农村土地承包法》《农民专业合作社法》《物权法》的相继出台，土地权利法律属性的进一步明确，各地方政府对于股份制合作社的股权转让限制也呈现明显的放宽趋势。由此，土地权利入股的下一步制度改革当是贯彻中央"三权分置"的土地权利理念，对传统意义上的土地承包经营权进行重造，分离出杂糅的承包权与经营权，进一步放宽对经营权入股的制度限制。

（5）在政府职能上　以由政府为主导、以大量行政命令为手段统一分配土地股权的指导性职能向以市场为主导、建立有序的土地股权流转机制的服务性职能转变。随着以"三权分置"为政策导向的制度改革发展，经营权与承包权将实现进一步分离，政府应当发挥其服务职能，革新制度设计理念，为土地权利流转构建更为完备的市场机制，从而有效发挥土地权利市场的资源配置作用，促进土地经营权的有序流转。

Q10 为什么说土地经营权入股股份制合作社是改革探索中的过渡制度？

从我国现阶段较为成功的农民专业合作社改革实践来看，实践中的股份制合作社与现行的《农民专业合作社法》有诸多不相容之处。

①《农民专业合作社法》中对于农民专业合作社的经营范围限定在对于农业生产的服务上，而并不包括"直接从事农业生产经营"这种在股份制合作社中常见的经营模式，股份制合作社的法律地位得不到法律保障。

②关于土地经营权入股股份制合作社的有关规定并未见于《农民专业合作社法》之中，仅在《农村土地承包法》《农民专业合作社登记管理条例》（以下简称《合作社登记管理条例》）中有所提及。土地权利入股农民专业合作社的法律未形成体系，这在股份制合作社广泛发展的今天是亟待完善的。

③现行《农民专业合作社法》中也缺少股份制合作社对于土地股权收益分配、股权分配的有关规定。而目前实践中的"按人数分配股权、表决权、收益，一人一票，平均分配"的做法，又与入股制度的基本理念相冲。这些做法制约了资本参与农业股份

制合作社经营的积极性。

④《农民专业合作社法》的本质是劳动者的合作而非资本的合作，这也是其区别于公司制度最大的特征。因此，在我国法律和国际相关法律上对其的规制也都采用了保障人的权利而非资本的权利的立法目的。而现行股份制合作社的制度，其实是与公司制度相同，属于股东资本的合作。这种制度和合作社的本质理念相违，其资本的权利自然得不到法律的保障，而造成上述的诸多困境。

综上所述，股份制合作社制度应当是在特定的历史条件下，对于土地权利制度改革探索时期的过渡性制度。其在资本制度、分配制度、股权转让等制度设计上都无法与经历长久发展完善的公司制度相较。而目前中央和地方对于股份制合作社的推广，是希望在现有法律框架下寻找更稳定的制度。这种股份制合作社制度，是在相应法律制度尚不完善、相关理论尚存争议的现实条件下，对农业有限公司的概念替换。因此，这种制度带有很强的过渡性和政治性，这明显能从股份制合作社的发展趋势中发现。随着"三权分置"理念的引入，在农村劳动力大量剩余的情况下，农业经营最终还是应当实现资本的合作。基于此，股份制合作社终将让位于更为完善和成熟的公司制度。

Q11 土地经营权入股有限责任公司存在哪些法律限制？

目前《公司法》并未对土地经营权的入股做出限制，法律对于土地经营权入股有限责任公司的限制，主要存在于《农村土地承包法》及其他相关法律上。在理论和实践中，《农村土地承包法》第 40 条、第 49 条对于土地经营权入股的规定，广泛被认为是对家庭承包方式下土地经营权入股公司的法律限制。而《物权法》第 128 条、第 133 条以及《流转管理办法》中对于入股的阐述，也进一步确立了这样一种制度设计理念：家庭承包方式取得的土地经营权只允许合作成立合作社；其他承包方式取得的土地经营权则没有此类限制，可以入股成立合作社或股份制公司等。

事实上，在改革实践中，股份制合作社制度被广泛推行，已经体现了土地经营权法人对于资本制度的迫切需求。在这种需求之下，公司作为更成熟的经营主体却仍被层层理论障碍与法律障碍所困，无法发挥应有的作用。如今，中央对于土地权利"三权分置"的提出，为破解公司参与土地经营所面临的困境提供了新的思路。

Q12 土地经营权入股有限责任公司如何实现困境突破？

在目前的土地制度之下，土地权利中实际上包含了公权利（社会保障、农地保护）与私权利（财产权利）这二重属性，而中央对于"股田制"公司制度改革"叫停"的主要原因应当是其中私权利对公权利的让位。我国现行法律中并未对土地经营权入股公司做禁止性规定，限制土地权利入股公司的制度发展的，实际上是存在于土地权利之上的社会保障属性。土地权利在入股公司后，由于公司经营遵循"自负盈亏、自担风险"的原则，不可避免地会以公司资产进行偿还、转让等行为。依据现行法律对于股东义务和公司解散清算的有关规定，这使入股后的土地权利具有发生二次流转的可能，而这种二次流转被认为会侵害诸如粮食安全、社会保障等土地权利之上的公共利益。

那么，土地权利入股公司是否会造成公共利益受侵害呢？在"三权分置"下，土地权利在入股之后发生的二次流转，不应被认定为是原土地权利遭受侵害。①在土地经营权入股后，农民股东的土地承包权并未发生改变，对于土地的经营行为仍受承包合同的约束。因此，无论土地由谁经营，土地的所有权性质与农业经营范围都不会发生根本性的变化。为了保障土地公共利益而设计的土地制度，不应把重点放在防止土地的二次流转上，而应进一步健全土地权利发生不法侵害（如违背权利人意志强行流转或违规经营土地）后的责任追究和纠纷解决上。②土地权利入股的实质是一种财产权的转化，其中所体现的是土地经营权可处分（转让）、可收益的用益物权属性。这种财产性的用益物权当属权利人个人的私权利，其权利发生入股、债务偿还乃至受侵害时，也不应被认为是公共利益的受损。公司依法取得土地权利并分配相应股权后，将其作为公司资产偿还债务的行为，也不应认定为是一种侵害行为。因此，以土地权利入股公司后会导致土地公共权利受侵害为由，限制土地权利入股公司的制度改革的理由，是不成立的。③公司与股份制合作社同样具有以独立资产承担有限责任的法人资格，在因债务无法清偿而解散时也一并适用《中华人民共和国企业破产法》。以这种侵害的发生可能来认定公司不具备参与农业经营的资格，同时允许股份制合作社的经营主体资格，这种制度显然是不科学的。

Q13 如何理解未来土地经营权入股的主要发展模式是农业有限公司？

土地经营权入股有限责任公司的模式，较之股份制合作社更为契合，应当作为未来制度改革的主要发展方向。这种契合表现为在农业的规模化经营领域中，公司制度之于农民专业合作社制度的优越性。

①公司的权利分配制度，能够更好地平衡各方利益，维护土地经营中各主体的合法权利。公司的资本制度，要求股东以出资比例行使表决权，决定公司内部事务；同时要求土地经营的收益，同样以出资比例进行分配。这从"三权分置"的角度上讲，现代公司模式下的分配制度是财产权与身份权的真正分离，财产权的收益不再受身份权所限制，而是以资本本身对收益的贡献大小分配。股东为获取更高的经营收益，自然会对公司的经营制度、管理制度、生产工具进行革新，促进土地资源的优化配置。这种分配制度，相较于农民专业合作社按成员数量平等分配股权与收益的做法，显然更为公平。

②公司的股权流转制度，能够更好地实现土地经营权的利益转化。公司股权是财产性的、能够流转并转化为现实利益的，而作为财产权利的土地经营权同样如此。因此，在经营权入股后形成的所谓土地股权，也应具备流转并转化为现实利益的可行性。这较之实践中股份制合作社"限制外部转让""限制收益性转让"的做法更为自由，更为自由的资本转化将带来更自由的资本投入。在对于外来资本投入土地经营的问题上，农民专业合作社往往由于其"因地制宜""能人经济"的特点，吸收社会资本的能力受限。公司的资本制度使外来资本能够顺利地转化为公司股权，而股东制度也保证了投资者对土地经营的控制，降低了外来资本进入股份制合作社后而被排除在土地经营之外的风险。从促进工商业资本参与农业经营的角度上看，公司制度参与土地经营也比股份合作社制度存在更高的优越性。

③公司制度中对于股权转让的限制，较之股份制合作社更为合理。虽然《公司法》中对股权转让也存在"向股东以外的人转

让股权，应当经其他股东过半数同意""不得抽逃出资"的限制，但这种限制是在公司制度多年的发展中逐渐形成的，是多方股东权利相互制衡的结果。在公司的实际运行中，并不会影响土地股权收益的实现。同时，这种限制还能起到稳定土地经营权、保证公司持续经营的作用，从长远来看，其实保证了土地股权的持续收益。从农业持续经营的角度上讲，公司的转让限制制度较之股份制合作社"自由退股"的制度，显得更为成熟。

④公司的营利性本质，更符合目前农业现代化发展的需求。农民专业合作社被赋予了"服务性法人"的法律定义，在经营范围上尚存"是否有权进行农业生产"的困境。而对于公司来说，作为营利性的企业法人，其追求投资回报最大化的目的，正与入股农民追求流转收益最大化的目的相符。为实现收益最大化的目的，公司股东将会积极地促进土地权利的流通，实现土地资源的优化配置。当相关的制度加以完善后，土地经营权入股有限责任公司的模式，将成为未来农业规模化经营的主流。

综上所述，土地权利入股有限公司的制度模式比股份制合作社制度有着明显的优越性，也更为契合"三权分置"政策导向下对土地收益自由转换的需求。所以，如何对土地经营权入股有限责任公司的模式进行规制和完善，使其在正确的框架下运行，应当成为未来制度改革的主要方向。

Q14 未来农村土地价格评估制度将如何构建？

在"三权分置"的视角下，土地经营权入股的实现，需要专业机构对这种非货币出资的有效估价，来完成土地经营权的可量化。在实践中，由于农业经营的长期性与专业性，一般的评估机构与企业股东很难对其价值做出准确估量；而如果由村集体或县级政府进行评估，又将面临政府管控过严、评估权力滥用的行政风险。

（1）规范农村土地价格评估的机构 目前，从事土地价格评估的人员和机构一般是取得了土地估价师资格的从业人员和由其组成的土地评估事务所。但这种土地估价师制度的设立目的，是对于城市房产与城市土地的价格评估，而在《土地估价师资格考试暂行办法》的法律依据和土地估价师的考核内容中，也并无《农村土地承包法》。因此，对于农村土地经营权的价格评估机构和评估人员，目前在制度上是缺位的。因此，土地经营权入股的制度改革，有赖于专业的土地评估制度的形成。虽然目前土地估价师的资格认证已于 2014 年 10 月被取消、土地估价师由行业自律管理，但目前对于农村土地经营权的价格评估，对方兴未艾的土地经营权入股具有重大意义。因此，仍需对农村土地经营权估价的行业准入进行把控，培养一批具有专业知识的农村土地评估从业人员；同时，对于现有的土地评估从业人员和从业机构也应进行统一的准入资格把控。

（2）明确农村土地价格评估的标准 目前，我国在土地经营权入股的改革实践中，对于土地资产评估的制度较为混乱：南海模式以土地征地价格为标准；昆山模式中规定每亩土地为 1 股，等同于 1 000 元出资的标准；浙江模式则采取由全体社员共同估价的方式。

土地权利入股的本质，实际上是作为一项资本参与土地的经营之中。其红利的长期分配，实际上替代了土地的经营收益。因此，在对其股权进行价格评估时，应当综合考虑土地的形态、品质、承包期限、土地未来的增值空间、对企业农业经营的参与度等。这种估价的具体标准也亟须有关制度的进一步确立。

2014 年 6 月 17 日，山东省淄博市《农村土地承包经营权价值评估办法（试行）》出台，启动了土地经营权估价的制度改革。办法中对于土地经营权提出了"总价值 = 年均价值 × 经营期限 × 土地面积 + 土地附着物价值"的估价标准。这对土地价格评估制度的构建，有一定的借鉴意义。

（3）农村土地估价之上的股东协商 在目前股份制合作社的探索中，对于土地经营权的价格评估一般采用由全体社员进行评估的方式；也有学者基于公司法的理念，提出"取消对于公司非货币出资的价格评估"的观点。据此，基于"三权分置"的视角，"效率优先，兼顾公平"的商法原则应当被纳入土地价格评估制度的构建中。从经济学的角度上讲，明确的土地价格更有助于减少公司股东或合作社社员达成一致所花费的交易成本，从而更能够实现企业进行农业经营的目标。因此，土地评估制度具有其合理性。此外，可以结合《农民专业合作社法》的有关规定，赋予企业股东在土地估价之后，以估价为参考协商土地经营权所占的具体比重。但这种协商之后所分配的土地出资份额仅由企业章程规定，并不算入公司总资产中，也不能作为公司偿还债务的依据。

Q15 未来农村土地流转服务制度将如何构建？

"三权分置"的制度理念已为土地经营权的入股破除了理论障碍。为实现政策中实现土地经营权有序流转的目的，应当对目前的土地入股服务制度进行完善。这种制度主要包括土地入股引导制度与土地权利流通制度。

（1）土地入股引导制度 对于土地权利入股的引导，可以由政府构建"土地入股服务点""土地入股示范站"等方式完善。由于土地流转的政策导向性较强，部分农民存在文化层次不高、法律意识不强等问题，难以理解"土地经营权入股""三权分置"等制度理念，现实中"不敢入股""入股后权利易受侵害"等现象时有发生。就此，政府应当积极发挥其服务型职能，构建"土地入股服务点""土地入股示范站"等服务机构，为农民提供政策介绍、法律普及、入股示范等服务。

（2）土地权利流通制度　对于土地权利流通制度而言，应当出现健全、完善的土地权利流通市场。这种进入市场流通的土地权利应当是公开的、确定的、可量化的、可流通的。因此，流通市场的建设，是以完善的权利登记制度、价格评估制度为基础的。在此基础上，政府应当做好引导者的角色，为土地权利的流通提供交换平台、公示机制、流通登记、价格标准等，便于土地权利交易双方参考；同时，健全土地权利交易中出现的侵权行为的法律规制及纠纷解决方法。

Q16 未来农村土地入股保险制度将如何构建？

土地权利入股之后存在的保障性风险，在于农民因土地经营权投资失败而"破产"，空有承包权而失去经营收益的情况。由于目前农村经济发展较为落后，农民对于"破产"的风险应对能力较差，而目前的保险制度中缺乏对于土地权利流失的保障措施，农民进行土地经营权入股的积极性难以提高。因此，可以从保障土地入股的角度构建出专门的土地入股保险制度。

目前，《农业保险条例》将农业保险的范围限定在"被保险人在种植业、林业、畜牧业和渔业生产中因保险标的遭受约定的自然灾害、意外事故、疫病、疾病等保险事故所造成的财产损失"上。虽然与法规设立理念存在冲突，但土地经营权入股也应当视为一种特殊的农业经营手段。出于对农业经营保障的目的，可以将土地入股保险作为一种特殊险种加入农业保险制度中，同时扩大保险人的主体范围，将参与农业经营的企业法人加入其中。

具体而言，对于专门的土地入股保险制度构建，主要包括农民失地保险与土地回购保险的构建。

（1）**农民失地保险制度** 农民失地保险制度，是针对农民失地后保障其再就业的保险制度。对于农民失地保险，可以参照城镇失业保险的有关规定，对于交纳了保险金、土地收益依赖较大的农民，出现因非本人的经营行为导致的、无法通过土地经营或土地权利流转来获得土地收益的情况时，可以按月领取失地保险金、享受职业培训与职业介绍的保险制度。同时，可以规定在承包到期后，由具有失地保险且未实现再就业的农民优先承包。

（2）**土地回购保险制度** 土地回购保险制度，即通过土地入股时向保险公司缴纳一定的保险金，在企业进入解散程序、土地经营权有可能被进行清偿时，由保险公司以保险金代为回购土地经营权。这种保险金可以由农民股东自愿缴纳，亦可强制由非农民股东代为缴纳，从农民股东的股权分红中扣除。对于土地回购保险的构建，政府也应当向保险公司提供一定的政策优惠，以促进商业保险公司进入农业参与土地回购保险的积极性。

法律视角下的农地权力继承问题

五

Q1 "三权分置"下农地权利继承的全新内涵有哪些？

在"三权分置"的背景下，农地权利继承的问题需要根据我国农地改革实践进行适时转变。对现行法上土地承包经营权继承问题的研讨应替换为对"三权分置"后土地承包权与土地经营权继承问题的研讨。当前，政治学、经济学和社会学学者已经对农地产权制度改革在各自领域做出了诸多解读，但在农地改革的法律规范层面还缺乏系统性的分析。一些政策起草部门对"三权分置"的专家解读则超出了严谨的法律法规范畴，存在以政治语言代替法律术语之嫌，这与现代农地法律制度日益精细化、规范化的趋势不相符。我国自 1978 年始的农村土地改革，其形成轨迹可归结为实践先行、政策指导与法律兜底三部曲。农民基于基层实践的制度创新获得国家政权认可后，通过政策文件进行指导和推广，在实践中不断完善后交由法律文本做出最终提炼和回应。因此，法律规范相较于农民首创行为对体制障碍的突破呈现出明显的滞后性。

十八届三中全会通过的《决定》确立的"三权分置"改革方向是对农村实践的政策肯定，它必将对我国农村土地制度变革产生深远影响。对立法者而言，深入的实践考察和精准的政策解读意义甚为重大。在农村土地制度理论储备已渐丰富、立法技术臻于完善的背景下，法学研究者应当将国家政策的实现导向法律规范层面，运用法律语言解读政策文件的革新思想及要旨，以使立法、修法既符合政策意旨又符合法律理性。重大改革必须于法有据，政策出台之后，相关法律的修改也势在必行。法律制度的构建和完善需要充分的理论支撑，因此有关理论认识误区必须予以澄清。法学的研究应当走在立法之前，走在改革实践之前。只有这样才能用科学的理论指导科学地立法，以期在农地改革中贡献法学理论的力量。

如果按照现行法进行规范分析，土地承包经营权的继承应当在《中华人民共和国继承法》（以下简称《继承法》）《物权法》《农村土地承包法》《中华人民共和国农业法》（以下简称《农业法》）等法律及相关司法解释的框架下进行研究。然而，随着"三权分置"改革的推进，相关立法必将进行修改，土地承包经营权继承研究的问题意识也应该进行相应的转变。一旦土地承包经营权被分置为土地承包权和土地经营权，土地承包经营权是否可以继承这一问题的基础也将不复存在，取而代之的是"三权分置"后的相关农地权利可否继承的问题。基于此，本书试图通过对"三权分置"政策理念与法学内涵的解读，探讨"三权分置"后相关农地权利的继承问题，以期对我国农地立法以及"三农"新制度的框架构建有所助益。

"三权分置"后农地权利继承的内涵可以分解为两个方面，即土地承包权可否继承和土地经营权可否继承。土地承包权是农户作为集体成员承包集体所有的土地的一种资格，或者说是订立承包合同的资格，从性质上说属于一种身份权。土地经营权则是通过订立承包合同这一法律行为而设立的用益物权，这种用益物权具有完全的财产权属性，可以继承，可以自由转让。农地"三权分置"后，在农地权利的继承中，继承人继承的是土地经营权而非土地承包权。身份资格无法继承，财产权利可以继承，符合权利应然逻辑。

Q2 土地承包权是否具有可继承性？

分析土地承包权的可继承性离不开对现有土地承包经营权继承问题的研究。对于土地承包经营权的继承问题，《继承法》《农村土地承包法》《农业法》等法律存在相关规定。司法实践对该问题的处理以 2009 年最高人民法院公报案例"李维祥诉李格梅继承权纠纷案"为代表。围绕着对相关制度安排的不同理解，理论上存在土地承包经营权继承肯定说与否定说之争。肯定说主要强调土地承包经营权具有财产性，而否定说主要强调土地承包经营权具有身份性。"三权分置"后土地承包经营权的身份性由土地承包权承接，因此土地承包权不可继承。

土地"三权分置"后土地承包权承接了现行法中土地承包经营权的身份性和社会保障功能。当前，对土地承包经营权继承的否定观点在土地承包权继承的问题上依然适用。①土地承包权不可继承的原因是土地承包权的身份性。土地承包权人之所以能够取得土地承包权是基于他作为集体经济组织成员的成员身份。土地承包权是他作为集体成员共享集体所有权的一种实现方式。②否定土地承包权可继承的理由是强调土地承包权的社会保障功能，并将其与城市困难居民申领低保以及申请经济适用房的资格相类比。土地资源是有限的，因为土地承包权人的继承人可能是本集体成员或者是集体经济组织以外的人，法律如果允许土地承包权可继承，则无论如何都会造成继承人获得两份土地承包权或城市居民取得土地承包权的现象，这会加剧人地矛盾，引发社会不公。基于上述分析，土地承包权不可继承。

考察现行法上土地承包经营权的继承问题，可以帮助我们更好地理解土地承包权不可继承。《继承法》第 4 条规定："个人承包应得的个人收益，依照本法规定继承。个人承包，依照法律允许由继承人继续承包的，按照承包合同办理。"《农村土地承包法》对土地承包经营权的继承分成 3 种情况处理，即家庭承包地、林地以及招标、拍卖、公开协商等方式承包的"四荒"土地，这 3 种情况分别规定在该法第 31 条和第 50 条。第 31 条规定："承包人应得的承包收益，依照继承法的规定继承。林地承包的承包人死亡，其继承人可以在承包期内继续承包。"第 50 条规定："土地承包经营权通过招标、拍卖、公开协商等方式取得的，该承包人死亡，其应得的承包收益，依继承法的规定继承，在承包期内，其继承人可以继续承包。"通过上述法律条文可知，现行法对于林地和"四荒"土地承认继承人有继续承包的权利，对于家庭承包的土地只承认继承人对承包收益的继承权。

对于土地承包经营权是否可以继承，学界争论由来已久，并影响到立法的态度，导致法律上对这一问题的规定也存在很大的模糊性。否定土地承包经营权可继承性的观点主要区分两种不同类型的土地承包经营权，区分的依据是土地承包经营权取得的方式。对于招标、拍卖、协商等方式取得的土地承包经营权可以继承并无异议。争论的关键在于家庭承包方式取得的权利。首先，对于林地和"四荒"地，继承人继续承包的权利是否等同于对土地承包经营权的继承权，这是存在争议的。其次，对于家庭承包土地的土地承包经营权继承问题，法律完全留白。1993 年《农业法》曾经在第 13 条第 4 款规定："承包人在承包期内死亡的，该承包人的继承人可以继续承包。"但随后在 2002 年修法时删除了这一条规定。2005 年颁布的《最高人民法院关于审理土地承包纠纷案件的解释》第 25 条规定："林地家庭承包中，承包方的继承人请求在承包期内继续承包的，应予支持。其他方式承包中，承包方的继承人或者权利义务承受者请求在承包期内继续承包的，应予支持。"对于家庭承包土地是否可以继承依旧没有规定。立法上这样安排似乎表明立法对此偏向否定态度。事实上，在《农村土地承包法》立法过程中，曾有草案做出了可以继承的规定，但因对此存在争议，最后删除了这一规定。

最高人民法院公报案例对于各地法院的司法实践具有重要的指导作用，其代表了国家最高司法机关的立场。对于家庭承包方式的土地承包经营权是否可以继承的问题，最高法院以 2009 年公报案例"李维祥诉李格梅继承权纠纷案"表明了立场。

案例

李维祥诉李格梅继承权纠纷案

被告李格梅与原告李维祥系姐弟，争讼标的为其父李圣云享有的土地承包经营权。1995 年土地二轮承包时，李格梅与李维祥已经各自组建了家庭，李格梅、李维祥与李圣云 3 户各自取得了相应的承包地，并取得了权属证书。李圣云于 1998 年将自己所有的 1.54 亩土地承包经营权转包给本村村民芮国宁经营。此后，李圣云夫妇分别于 2004 年和 2005 年相继去世，此后李圣云家庭承包的 1.54 亩土地承包经营权流转收益被李格梅占有。原告李维祥遂诉至南京市江宁区人民法院，诉请法院判决与被告共同继承其父李圣云的土地承包经营权。

江宁区法院认为：根据《农村土地承包法》第 15 条规定，

农村土地家庭承包的，承包方是本集体经济组织的农户，其本质特征是以本集体经济组织内部的农户家庭为单位实行农村土地承包经营。家庭承包方式的农村土地承包经营权属于农户家庭，而不属于某一个家庭成员。根据《继承法》第3条的规定，遗产是公民死亡时遗留的个人合法财产。农村土地承包经营权不属于个人财产，故不发生继承问题。除林地外的家庭承包，当承包农地的农户家庭中的一人或几人死亡，承包经营仍然是以户为单位，承包地仍由该农户的其他家庭成员继续承包经营；当承包经营农户家庭的成员全部死亡，由于承包经营权的取得是以集体成员权为基础，该土地承包经营权归于消灭，不能由该农户家庭成员的继承人继续承包经营，更不能作为该农户家庭成员的遗产处理。在承包户家庭成员均已去世，承包户已经没有继续承包人的情况下，承包地应由发包人收回。因此，法院认为李维祥、李格梅均不具有继承其父母土地承包经营权的资格，判决驳回原告全部诉讼请求。

　　法院的裁判逻辑可以总结为以下3个方面：①家庭土地承包经营权的享有以集体经济组织成员权为基础，为其成员提供基本社会保障是家庭承包土地承包经营权的一项重要制度功能。因此，只有本集体经济组织内部成员才有取得土地承包经营权的资格。虽然《物权法》已经肯定了土地承包经营权是一种用益物权，但根据《农村土地承包法》第15条"家庭承包方式的承包主体是本集体经济组织的农户"，土地承包经营权只能属于农户家庭并不能属于家庭成员个人。因此，土地承包经营权不属于个人财产，也就不能继承。②承包经营的农户家庭成员全部死亡或户口迁入城镇的，除林地外的土地承包经营权消灭，由发包方收回重新分配。这样规定是为了避免集体经济组织以外的人成为土地承包经营权的主体，损害现有集体成员的利益。③采用其他方式承包的"四荒"地，不承担社会保障的功能，因此可以由承包人的继承人继续承包。林地的经营周期长、产出较慢，如果不允许继承不利于鼓励对林地的承包经营，会导致对林地的过度使用以及滥砍滥伐等环境问题，对于承包方也不公平，因此允许继承。最高人民法院认为南京市江宁区法院的判决符合法律与司法解释的现行规定，也符合最高人民法院对于此类案件的立场，因此将该案判决作为公报案例予以公布。该判决代表了法院在司法实践中的主流观点。

Q3 土地经营权是否具有可继承性？

法律若不承认土地经营权可作为遗产，会产生许多问题。①政策和法律都认可土地经营权的可流转性。土地资源的顺畅流转有利于土地资源的优化配置，有利于提高农业生产的效率。继承权是财产权的延续，欠缺继承性的财产权是不完整的财产权。财产权的不完整性会影响财产流转的顺利进行，影响农地权利交易的动态安全。尤其容易导致土地经营权人的短期行为，并增加管理成本。②不承认土地经营权可作为遗产，与我国的传统观念、域外通行做法、广大农民的心理预期以及实践中的普遍做法相悖。对此，几组调查数据提供了有力的证明，如在天津市大湾村 1 600 户村民中，有 64.4% 的村民认为土地权利可以继承；在对安徽省池州市"一区二县"农村的调查中，有 69.5% 的农民认为土地权利可以继承，12.9% 的农民认为可以继承但要对继承人范围进行限制，只有 17.6% 的农民认为不可以继承；而在云南省楚雄市禄村的实证调查显示，100%的被调查者认为土地权利可以继承。这些调查数据显示，在广大农民的朴素观念里，普遍认为土地权利可以继承。实践中为了调和这种矛盾，许多集体经济组织采取一种"变账不变地"的做法，即在承包户家庭成员死亡时，仅仅在会计账簿上做出调整，保持土地现状不变。承包户家庭成员与继承人有着高度重合，所以集体经济组织实际上是用这种方式承认了土地权利的继承。③假如否定土地经营权可以继承，那么为了保证土地资源的有效利用，就需要定期对农地进行调整。然而，这不但与"赋予农民长期而有保障的土地使用权""使土地承包关系保持稳定，并长久不变"的农地政策不符，也与现实中"增人不增地，减人不减地"的实际做法相背离。

在现行法律制度框架下，农地权利继承面临的法律及现实障碍可以总结为3个矛盾，即土地承包经营权取得的集体成员权基础与土地承包经营权本身财产性用益物权性质之间的矛盾、集体利益保护与农民财产权利保障之间的矛盾、农地的社会保障功能与土地的生产要素功能之间的矛盾。如果不解决这3个矛盾，农地权利继承法律关系也就无法厘清。土地"三权分置"政策解决了以上3个矛盾，给土地经营权继承扫清了障碍。①土地"三权分置"后，土地经营权摆脱了身份属性的制约，成为完整的财产性用益物权。②土地"三权分置"后，土地经营权继承能够兼顾集体利益保护与农民财产权利保障。一是土地"三权分置"后，集体所有权保持不变，集体成员对于集体土地依然不可分割的共同所有，集体经济组织依然对农地的使用拥有监督的权利。土地经营权的继承人无论是自己经营还是将土地经营权转让、抵押、入股、设立信托，继承人自身或转让、抵押、入股的相对方使用土地时都要受集体经济组织的监督，确保农地使用的可持续性。

二是土地"三权分置"后，土地经营权当然具有可继承性，这使农民的财产权利得到更完善的保障。③土地"三权分置"后，土地经营权继承不会影响农地社会保障功能的实现。一是对于未进城农民而言，土地承包经营权的社会保障功能不会因为农地权利向集体外的人流转而被削弱。土地"三权分置"后，土地承包权与土地经营权分离。土地承包权作为身份权是不能继承的，城市居民拥有土地经营权也不会加剧人地矛盾引发社会不公，因为土地经营权是有期限的。继承人只在土地经营权这一用益物权的期限内享有土地权益。土地经营权过期之后并非自动续期而是要考量继承人是否具有集体成员资格。如果继承人不具有集体成员资格就不能继续订立承包合同。二是对于进城农民而言，土地经营权继承可以给他们以及他们的后代在城市安家落户的阶段提供必要的保障。土地"三权分置"之前，进城农民如果放弃了农村户口，那么在法律上就等同于放弃了土地承包经营权。土地"三权分置"之后，进城农民落户城市依然可以保留土地经营权，他们的子女也可以继承，这为他们在城市打拼提供了后方保障。

Q4 农地权利继承的主体包含哪些？

土地权利的主体是农户还是农民个人，对于这一问题的认定关系到农地权利是否可以属于遗产。现行法上，土地承包经营权虽然是以户为单位订立承包合同，但是其权利主体实质上是户内的农民个人。土地"三权分置"后，承袭土地承包经营权权能的土地承包权与土地经营权的权利主体都不是农户。土地经营权的权利主体突破了农民身份的限制，其不限于集体成员个人，还可以包括集体成员以外的自然人、法人或其他组织。

土地经营权的主体不限于农民集体成员个人，这是"三权分置"改革对强化农地权利财产属性的进一步突破。土地经营权继承主体应该突破农民身份的限制，无论继承人是不是集体经济组织的成员都应该平等继承、一体保护。改革开放40年来，很多过城农民的子女已经长大成人，将会或正在面临继承的问题。他们中的很多人本身就在城市出生或在城市成长，与他们的父辈不同，他们从小并不熟于农业生产，繁重的学业压力使他们中的很多人是不辨菽麦的状态，他们本身与土地的联系已经很疏离了。他们习惯于城市快节奏的生活状态，对于城市有更强的心理认同。对"农二代"的社会调查显示，在"如果将来在城市发展不顺利，是返回老家，还是坚持在城里"选项上，60.71%的人选择留在城市坚持；选择回老家但不务农的人占21.43%；选择回老家务农的人仅有7.14%；10.71%的人选择了宁愿"混"在城里也不回老家。他们的父辈留给他们最大宗的财产可能就是农村的土地权利。土地"三权分置"之后，"农二代"可以继承土地经营权，他们可以把权利流传出去或者入股获取收益，成为他们在城市发展的启动资金。土地"三权分置"后，土地经营权可以继承，可以鼓励这些"农二代""农三代"放心地在城市落户，不至于成为既无法回归乡村又无法在城市获得体面生活的失落者。土地"三权分置"之后，土地经营权是权能完整的用益物权，可以自由流转、抵押、入股、设立信托。土地经营权继承的权利主体无须受农民身份的限制。

Q5 农地权利继承的客体包含哪些？

土地"三权分置"后，土地承包经营权分离为土地承包权和土地经营权，分别对应土地承包经营权中身份权和用益物权的部分。土地"三权分置"后,农地权利继承的客体是土地经营权而非土地承包权,是财产性用益物权而非身份资格。继承人在继承土地经营权之后取得财产性用益物权,对获得的土地经营权可以转让、抵押、入股。

（1）土地承包权不可继承的原因在于土地承包权的身份性 土地"三权分置"后的土地承包权是指集体成员承包集体土地的资格,即订立承包合同的资格。土地承包权从性质上说应属于一种身份权。土地"三权分置"后,土地承包权承袭了原土地承包经营权原始取得以集体成员身份为依托的特点。身份权具有人身从属性,在民法中身份权是不可继承的。土地承包权如果可以继承就会造成农地权利的世袭罔替,形成土地食利阶层,造成新的社会不公。从经济分析的角度看,我们之所以将土地承包权主体限定在具有集体成员身份的集体内部,是因为只有真正生活于集体所辖地域内,真正依赖集体财产生产生活,真正与集体以及集体财产具有紧密联系的人才会关心集体的长远发展。作为理性经济人,生活于集体外的人是很难真正为集体财产的保值增值考虑的。如果也赋予其土地承包权,就会加剧集体财产经营的公地悲剧。

（2）土地经营权可继承的原因是土地经营权的财产性用益物权属性 土地经营权是通过订立承包合同这一法律行为而设立的用益物权,这种用益物权具有完全的财产权属性,可以继承,可以自由转让、抵押、入股、设立信托。但土地经营权作为用益物权有存续期间的限制,继承人继承权的内容严格说是剩余期间内的土地经营权。土地经营权到期之后并不是自动续期,而是要考察继承人是否还具有土地承包权这一身份权。如果享有土地承包权,则发包方须继续与其订立承包合同,无法定原因不得拒绝;如果继承人已经丧失集体成员资格,已经不享有土地承包权,则发包方就无须再与其订立承包合同。用益物权到期消灭，集体土地所有权重回圆满状态，集体土地所有权主体可依法重新发包土地承包权。

Q6 如何理解农地权利继承的生效问题？

土地经营权继承无须"发包方同意"。《农村土地承包法》第37条第1款规定："土地承包经营权采取转包、出租、互换、转让或者其他方式流转，当事人双方应当签订书面合同。采取转让方式流转的，应当经发包方同意；采取转包、出租、互换或者其他方式流转的，应当报发包方备案。"这一法律条款确定了"发包方同意"是土地承包经营权转让的法定条件。但"发包方同意"背后的法律意蕴是什么，现在还有争议，并因此形成"废除说"和"保留说"等不同意见。笔者认为，将"发包方同意"视为土地承包经营权变动的公式要件的意见较为合理。理由在于《物权法》和《农村土地承包法》确立了我国"公式要件主义"的物权变动模式，由于法律规定土地承包经营权的登记只具有对抗效力，可以将"发包方同意"解释为土地承包经营权变动的公示方法与生效要件。

对于"发包方同意"的法律政策意蕴，理论界存在不同观点。

①大多数学者认为，"发包方同意"的法律政策考量在于确保土地承包经营权对农民社会保障功能的实现，防止承包方轻易丧失作为生活基础保障的土地承包经营权。

②另一种观点从治理的视角阐释"发包方同意"的法律政策意蕴，认为"发包方同意"是在基层政权与村社共同体出现结构性利益分离状况的背景下，国家为了平衡两者利益，为作为发包方的基层政权保留的对于集体土地的一定控制权，以使基层政权享有治理权力以辅助国家对于村社共同体的治理。

③还有学者认为,"发包方同意"与"发包方备案"的区分标准在于土地承包经营权的主体是否会变更为集体经济组织以外的人。这样认为的前提预设是土地承包经营权的取得要以集体成员身份为前提,"发包方同意"制度可以将土地承包经营权控制在集体成员内部。

④新近的一种解释将"发包方同意"视为土地承包经营权变动的公示方式。我国《物权法》第9条确立的以"登记要件主义"为不动产物权变动的一般规则是第6条确立的"公示要件主义"物权变动规则的下位概念,即使不采用登记的方式,依法律行为发生的物权变动也要以某种方式公示才能生效。因此,"发包方同意"就可以被理解为土地承包经营权变动的公示方式,并且"发包方同意"还是集体土地所有权主体权利、主体地位的表征与实现方式。

单从文义解释《农村土地承包法》第37条,土地承包经营权的众多流转方式中只有转让这种方式是需要"发包方同意"。继承应作为其他流转方式的一种只需要"发包方备案"即可。类比一般不动产继承的规定,继承自被继承人死亡时开始。既然一般不动产继承并不需要登记作为继承条件,那么同样作为公式要件的"发包方同意"也就不需要了。土地"三权分置"前,问题主要在于继承有可能使土地承包经营权永久性地为集体经济组织以外的人所有,这与现行法保障农民享有土地承包经营权的立法初衷矛盾。土地"三权分置"后,这一矛盾将得到解决。因为继承人继承的只是作为用益物权的土地经营权,而非作为身份权的土地承包权。集体经济组织以外的人也可以享有土地经营权,土地承包权还是被保留在集体经济组织内部。这样继承自然不需要考虑"发包方同意"的问题,但可以保留"发包方登记"作为公示手段使其产生对抗效力以保护第三人的利益。

参考文献

［1］赵紫玉. 构建我国农地产权"三权分离"模式——对现行农地产权制度改革的设想［J］. 国土资源，2006（09）：32–34.

［2］沈叙元，张建华. 农村土地承包经营权流转的思考——以嘉兴市为例［J］. 浙江经济，2006（02）：56–57.

［3］叶兴庆. 从"两权分离"到"三权分离"——我国农地产权制度的过去与未来［J］. 中国党政干部论坛，2014（06）：7–12.

［4］潘俊. 农村土地"三权分置"：权利内容与风险防范［J］. 中州学刊，2014（11）：67–73.

［5］郑亮，杨燕菱. 农地"三权分离"制度的土地权能构造——基于马克思土地产权权能理论［J］. 安徽农业科学，2015（36）：318–320.

［6］杨继瑞，薛晓. 农地"三权分离"：经济上实现形式的思考及对策［J］. 农村经济，2015（10）：8–12.

［7］刘杨. 正当性与合法性概念辨析［J］. 法制与社会发展，2008（03）：12–21.

［8］何立，罗帅. 农地产权"两权分离"到"三权分离"——基于新制度经济学视角的解读［J］. 农村经济，2015（05）：

81–85.

［9］丁文．论土地承包权与土地承包经营权的分离［J］．中国法学，2015（03）：159–178.

［10］申惠文．农地三权分离改革的法学反思与批判［J］．河北法学，2015（04）：2–11.

［11］刘征峰．农地"三权分置"改革的私法逻辑［J］．西北农林科技大学学报（社会科学版），2015（05）：26–33.

［12］衡霞，郑亮．农地"三权分离"下农村社会治理新模式研究［J］．云南社会科学，2016（01）：125–130.

［13］申惠文．法学视角中的农村土地三权分离改革［J］．中国土地科学，2015（03）：39–44.

［14］文禹衡．增量财产视野下的经营权研究［D］．湘潭：湘潭大学，2015.

［15］王丹．"三权分置"背景下承包土地的经营权抵押制度研究［D］．合肥：安徽大学，2017.

［16］贾妍彦．"三权分置"背景下的农地权利继承研究［D］．长春：吉林大学，2016.

［17］付萧翔．"三权分置"视角下上地经营权入股法律研究［D］．南昌：江西财经大学，2017.

［18］程兵．"三权分置"下农村土地经营权抵押问题研究［D］．贵阳：贵州大学，2016.

［19］董晓．"三权分置"下农地经营权抵押融资研究［D］．成都：四川省社科院农村发展研究所，2016.

［20］熊飞雄．农地"三权分置"研究［D］．湘潭：湘潭大学，2016.

［21］黎翠梅．农村土地承包经营权抵押贷款制度探讨［J］．软科

学，2008（02）：94-96，112.

［22］刘守英. 中共十八届三中全会后的土地制度改革及其实施
［J］. 法商研究，2014（02）：3-10.

［23］李蕊. 中国土地银行农地融资制度建构之权衡［J］. 政法论
坛，2014（04）：52-61.

［24］汪险生，郭忠兴. 土地承包经营权抵押贷款：两权分离及运
行机理——基于对江苏新沂市与宁夏同心县的考察［J］. 经
济学家，2014（04）：49-60.

［25］中国农村财经研究会课题组. 新型农业生产经营主体发展现
状分析［J］. 当代农村财经，2014（09）：26-30.

［26］陈海燕，丁正德，王峰. 不同资源禀赋下农村土地经营权抵
押融资模式选择［J］. 甘肃金融，2013（10）：19-21.

［27］李乾宝. 农地入股抵押模式的实践探索及其风险防范探究
［J］. 福建师范大学学报（哲学社会科学版），2013（06）：
28-32.

［28］赵翠萍，侯鹏，程传兴. 产权细分背景下农地抵押贷款的基
本经验与完善方向——基于福建明溪与宁夏同心两地试点的
对比［J］. 农业经济问题，2015（12）：50-57，111.

［29］戴国海，黄惠春，张辉，等. 江苏农地经营权抵押贷款及其
风险补偿机制研究［J］. 上海金融，2015（12）：80-84.

［30］卜强. 农村土地承包经营权抵押模式的实践与政策建议［J］.
甘肃金融，2015（12）：51-53.

［31］黄庆安. 宅基地使用权抵押贷款及其风险防范［J］. 山东财
政学院学报，2008（5）：76-79.

［32］梁慧星，陈华彬. 物权法（第四版）［M］. 北京：法律出版
社，2007.

［33］何志. 担保法判解研究与使用［M］. 北京：中国政法大学出版社，2000.

［34］张红宇. 从"两权分离"到"三权分置"我国农业生产关系变化的新趋势［N］. 人民日报，2014–01–14.

［35］韩长赋. 土地"三权分置"是中国农村改革的又一次重大创新［J］. 农村工作通讯，2016（03）：21–25.